알프스 시리즈-5

알프스 트레킹-2

스위스(체르마트) 3대 코스

허긍열

낙동강변 성주에서 태어나 자연을 벗하며 자랐다. 고교시절 암벽등반을 시작해 1986년 20대 초반에 네팔 히말라야의 참랑(7,319m)을 등정했다. 1990년 알프스에서 여러 북벽들을 오르면서 알프스와 끊을 수 없는 인연을 맺어 지금까지 이어가고 있다.
1993년 인도 가왈 히말라야의 탈레이사가르 북벽, 1996년 알래스카의 데날리(맥킨리) 남벽, 1997년 파키스탄의 가셔브럼 4봉 등을 등반하였다. 그후 더 마음을 끄는 알프스를 찾아 매년 침봉들을 오르다가 2001년부터 고향을 떠나 알피니즘의 메카 샤모니 몽블랑에 머물고 있다.
저서로는 알프스에 매혹된 이야기를 담은 자전적 등반기 <몽블랑 익스프레스>와 <해골바위>, 알프스에서의 생활을 그린 <알프스에서 온 엽서> 시리즈와 등반안내서, 그리고 사진집 등 알프스 시리즈 십여 권과 산악번역서 네 권이 있다.
현재 <http://cafe.daum.net/GOALPS>를 통해 알프스에 대한 많은 정보를 제공하고 있다.

알프스 시리즈 - 5
알프스 트레킹-2(스위스 체르마트 3대 코스)

초판(1000부) 1쇄 : 2013년 12월 10일

짓고 펴낸이 | 허긍열
다듬은 이 | 장정미
펴낸 곳 | 도서출판 몽블랑
출판등록 | 2012년 3월 28일 제 2012-000013호
대구광역시 수성구 교학로 11길 46번지
http://cafe.daum.net/GOALPS
vallot@naver.com

값 / 22,000원

ISBN 979-11-85089-02-7 04690
ISBN 978-89-968755-2-9(세트) 04690

이 도서의 국립중앙도서관 출판시도서목록(CIP)은 서지정보유통지원시스템 홈페이지(http://seoji.nl.go.kr)와 국가자료공동목록시스템(http://www.nl.go.kr/kolisnet)에서 이용하실 수 있습니다.(CIP제어번호: CIP2013023245)

목차

책을 내면서 4
1-걷기에 앞서 8
2-마터호른 일주 21
3-몬테 로자 일주 139
4-샤모니-체르마트 오트 루트 241
5-기타 정보 362

책을 내면서

스위스(체르마트 지역) 3대 일주 코스를 걷다

아내와 함께 걸은 잊을 수 없는 일주 코스들

　네 번째 알프스 시리즈로 <알프스 트레킹-1>을 출판하면서 쓴 서문에 나는 다음과 같이 적었었다. "저 푸른 초원 위에 그림 같은 집을 짓고 사랑하는 우리 님과 한 백년 살고 싶네, 라는 노랫말이 있다. 나뿐 아닐 것이다. 위의 노랫말을 들으며 상상하는 저 푸른 초원과 그림 같은 집의 풍경은 아마도 달력에서 종종 보아온 이곳 알프스의 알파인 산록과 아름다운 통나무집들이 아닐까 싶다."
　이런 서문을 쓰면서 나는 아내와 함께 좀 더 많은 알프스를 걸으며 더 다양한 알프스의 모습들을 보고 싶었다. 이제껏 나 혼자 알프스의 너무 많은 곳들을 다니면서, 혼자만 즐기기에는 아깝고 아쉽다는 생각이 많이 들었다. 알프스의 침봉과 눈덮인 봉우리들을 오르면서 마음고생만 시킨 미안함도 컸다. 그에 대한 보상을

어떻게 할까 생각만 했지 좀체 기회가 없었다. 저 푸른 초원 위에 그림 같은 집은 짓지 못할 망정 텐트라도 쳐 주고 싶었다.
 알프스의 침봉과 눈덮인 봉우리들을 즐겨 올랐던 소위 전문산악인인 내가 트레킹에 관심을 기울인 것은 오래되지 않는다. 사진작업을 하면서 며칠씩 산록을 걷긴 했지만 1990년대 말에 몽블랑 산군을 일주한 것 외에는 트레킹만을 목적으로 장기산행을 할 기회가 좀체 없었다. 수직의 세계에 익숙했던 나에게 수평의 세계에 대한 흥미는 그다지 없었다. 언제 시간이 나면 하겠다며 미루다보니 어느덧 십여 년의 세월이 훌쩍 지나가 버렸다. 그러다가 1년 전, 나는 혼자 짐을 단단히 꾸려 샤모니에서 출발해 체르마트까지 이어지는 오트 루트에 도전했다. 하지만 너무 많은 짐과 혼자만의 고독, 그리고 수평세계의 거리감에 질려 초반에 포기하고 말았다. 그저 걷기만 하면 되지 않겠냐는 안이한 마음으로 무작정 발을 들여 놓은 수평의 세계에 수직의 등반가가 적응치 못

하고 무릎을 꿇었던 셈이다.
 그런 사실을 알고 자기 몰래 출발했다며 아내는 농을 던졌다. "십리도 못 가 발병난다"고. 자신은 전문등반가 축에 끼지도 않고 전문트레커도 아니지만 자기랑 같이 가면 그런 일은 없을 거라고 했다. 놀림을 당한 알피니스트의 체면은 말이 아니었지만 어쩌랴. 수직의 세계에 능숙하다고 수평의 세계에서도 강하란 보장은 없으니. 보름 후, 아내가 알프스에 도착하고 다시 오트 루트 트레킹을 시도했다. 이번에는 함께. 그렇게 우리는 샤모니-체르마트 오트 루트를 걸었으며 그 길에서 알게 된 마터호른 일주와 몬테 로자 일주를 1년 후 또 함께 걸어 완주하였다.
 이 책에 소개된 3개의 코스들은 대개 140~180km 길이로서 8~15일 정도 소요된다. 이틀 정도의 거리인 유로파백 구간이 3개 코스 모두 겹쳐지니 보다 열정적인 트레커들은 한꺼번에 모든 루트를 연계해 걸어볼만 하다. 몇몇 구간은 내가 이제껏 알프스에서 걸어본 어떤 트레킹 코스들보다 험하고 힘들었다. 3000미터가 넘는 눈덮인 고갯마루들과 끝없이 허물어져 내리는 바위너덜지대, 산양들이 떨어뜨리는 낙석과 추락의 공포가 느껴지는 아찔한 절벽 등 수많은 난관이 도사리고 있는 루트들, 산모퉁이를 돌 때마다 변화하는 풍광들과 그 속에 어울려 있는 알파인 야생화와 산양들, 그리고 알프스 산골에서 만난 반가운 이들은 잊을 수가 없다.
 이 책에 소개된 트레킹 코스들은 내가 단 한번 걸었던 곳이라 완벽한 정보라고만 할 수는 없다. 차후 보다 많은 이들이 더 많은 경험을 해서 좀 더 상세한 정보들을 함께 나누면 좋을 것 같다.

끝으로 무엇보다 숱한 고개들을 넘으며 고락을 함께 한 평생의 벗, 아내에게 고마움을 느낀다. 알프스의 초원에서 텐트 몇 번 쳐 준 게 고작이었으며, 그것도 주로 3000미터 내외의 고갯마루나 돌밭에서 잠자리를 편 경우가 많았기에 오히려 고생만 시킨 것 같다. 우리는 아직 젊다고 생각하는 만큼 젊어 고생을 사서 했고, 그 고생은 훗날 멋진 추억이 되리라 믿는다. 여하튼 벗이 있었기에 그 먼 길을 갈 수 있었다. 아내는 이 책이 나올 수 있도록 도와준 가장 든든한 후원자였다. 앞으로 알프스의 또다른 길도 내내 함께 걸을 수 있길 바라는 마음 간절하다.

샤모니-체르마트 오트 루트에서
딕스 호수를 배경으로

몬테 로자 일주 중
몬테 모로 고개 아래에서

1-걷기에 앞서

필자는 알프스 산행경험이 많지만 이 가이드북은 두 해에 걸쳐 경험한 내용으로 엮었기에 3개 트레킹 코스 각각에 대한 상세한 설명이 부족할 수 있다. 일부 정보들은 바뀔 수 있으니 보다 최신의 정보를 가진 트레커들의 실제 체험기 등을 참고하면 더 도움이 될 것 같다. 이 책은 독자들이 보다 험하고 새로운 트레킹 준비를 위한 도구일뿐 실제 트레킹에서는 자신의 의지와 경험으로 어려움을 헤쳐나가야 할 것이다. 실제로 오랫동안 알프스의 봉우리들을 오르내린 필자 또한 많은 짐을 지고 넘은 고갯마루는 힘겨웠으며 몇몇 구간에서는 길찾기에 애를 먹었다. 주변의 지형지물을 살피면서 늘 긴장의 끈을 놓지 않고 걸어야만 길을 잃어버리지 않을 수 있었다.

이 책에 서술한 각 트레킹 코스들의 구간은 편의상 나누었을뿐이며 자신의 체력이나 능력에 따라 조정할 필요가 있다. 필자처럼 산장대신 텐트를 이용하려면 시간이 더 필요하고 짐을 질 체력을 길러야 한다. 산장을 이용하려면 본문의 내용대로 산장에서 산장으로 이동하면 무난할 것이다. 이 책에 기술한 산행시간과 트레킹 중 만나는 이정표에 적혀있는 산행시간은 차이가 나는 경우가 많았다. 터무니없이 잘못 표시된 경우도 있었는데, 대개 일반적인 산행시간보다 짧게 표시되어 있었다. 이 점 감안하여 계획을 세웠으면 한다.

트레킹 코스 곳곳의 큰 산악마을에 위치한 관광안내소에 문의하면 많은 도움이 될 것이다.

트레킹 시기

3000미터 내외의 고갯마루를 넘어야 하기에 트레킹에 적합한 시기는 대개 6월 말에서 9월 중순이 좋다. 물론 이 시기에도 높은 고개에는 눈이 많아 이에 대비해야 한다. 몇몇 구간에서 케이블카 등을 이용하려면 운행시기인 7월 초에서 9월 초가 좋다. 산장들 또한 6월 말이나 7월 초에나 문을 열기에 본격적인 여름시즌 전에 출발하는 것은 바람직하지 않다. 초여름에는 알파인 언덕에 야생화들이 개화하는 장관이 펼쳐지고 한여름에는 만발한 꽃들뿐 아니라 휴가객들도 많이 만나게 된다. 알파인 지대의 가을이 시작되는 8월 말부터는 3000미터 내외 고개에 신설이 내리기도 하지만 아름다운 가을분위기를 만끽할 수 있다.

교통

샤모니-체르마트 오트 루트인 경우 출발지는 샤모니이기에 제네바 공항을 이용, 샤모니행 교통편을 이용하면 좋다. 마터호른 일주나 몬테 로자 일주 계획에서는 한국인들에게 많이 알려진 체르마트를 출발지로 정하는 편이 좋다. 취리히나 제네바 공항을 이용하면 되고 유럽 주요도시에서도 체르마트행 열차편이 잘 연결되어 있다. 한편 체르마트는 차량 진입이 안 되기 때문에 자동차를 이용할 때는 태쉬에 주차해두고 기차를 이용해야 한다.

숙박

여름시즌에는 호텔에서부터 여행자 숙소(지트, 도미토리), 산장 및 캠핑장에 이르기까지 다양한 숙소를 이용할 수 있다. <5-기타정보>를 참고하기 바란다. 호텔이나 산장 등을 이용할 경우 트레킹할 때 먹을 간식이나 점심 등은 미리 주문해두면 출발 전에 받을 수 있다. 산행 중 만나는 산장에서 점심을 먹을 순 있지만 저녁때까지 산장이 없는 구간도 있기에 식량(행동식 등)을 충분하게 준비하는 게 바람직하다.
체르마트나 샤모니, 브레일-세르비니아 같은 큰 산악마을에는 여러 등급의 호텔이 있으며 캠핑장 또한 이용할 수 있다. 그리고 산장에 따라 조금씩 차이는 있지만 따뜻한 샤워와 저녁식사 및 아침식사가 가능한 곳도 있다. 술과 음료수도 구입 가능하다. 대개 6월 말부터 9월 중순까지 산장문을 연다.
트레킹할 때 생기는 쓰레기는 (산장에는 쓰레기통이 없기에) 지니고 하산하여 산악마을에서 버려야 한다.

언어

이 책에 소개된 3개 트레킹 코스는 3개의 나라를 거치기에 각 구간마다 다른 언어가 사용되지만 영어만 사용해도 큰 불편이 없다. 간혹 알프스 산골에서 영어가 통하지 않을 수 있지만 지도 등을 펼쳐 보이면 길을 잃을 염려는 없다. 만국공통어인 몸짓손짓은 어떤 경우에도 통하기에 언제든 현지인에게 도움을 요청할 수 있다.

화폐

유로화를 사용하면서 알프스 트레킹이 많이 편리해졌다. 하지만 스위스는 여전히 프랑(CHF))을 사용한다. 스위스의 산골마을이나 산장에서 유로(Euro)로 지불하면 잔돈은 프랑으로 불리한 환율을 적용해서 돌려주기에 현금으로 프랑을 준비해 가는 게 좋다. 체르마트나 자스페 등에는 현금지급기(ATM)가 있다. 프랑스의 샤모니와 이탈리아의 브레일-세르비니아 등에선 유로가 사용되며 여행자 수표도 통용된다. 일부 산장에서는 카드도 사용 가능하지만 어느 정도 현금을 지니고 다니는 게 편리하다.

트레킹의 어려움

마터호른 일주와 몬테 로자 일주, 그리고 오트 루트는 몇몇 빙하 지대와 알파인 산록 등을 지나게 된다. 일반적으로 모든 코스에 이정표가 있으며 다리와 철계단, 쇠사슬 등이 잘 설치되어 있다. 하지만 간혹 낙석이나 눈사태 등으로 길이 유실되는 경우가 있으며 심지어 다리가 끊겨 있을 수도 있다. 필자의 경우 마터호른 일주 시 유로파백 구간에서 다리가 끊겨 몇 시간을 더 오르내렸다. 사전에 이런 상황을 확인한다거나 반대편에서 오는 트레커에게 확인해볼 필요가 있다. 비나 눈이 내릴 경우에는 길이 미끄럽거나 낙석의 위험이 커지기에 주의를 요하며 악천후에 대비한 방한의류 등 철저한 준비가 필요하다. 눈밭을 반나절은 걸을 수 있을 정도로 발목이 충분히 긴 등산화를 신는 것이 좋다.

응급 구조
전화번호 : 스위스 144 / 이태리 118 / 프랑스 15

트레킹이 위험한 산악활동은 아니지만 (심지어 위험한 알파인등반보다 더) 매년 사고건수가 많아지고 있다고 한다. 보다 많은 사람들이 알프스를 찾고 있기 때문이다. 여름시즌의 알프스 2~3000미터 고지는 (특별한 경우가 아닌한 악천후가 발생하지 않아) 누구나 지내기 좋은 산악환경이다. 응급상황이 발생하지 않는다면 장비를 잘 갖추고 체력을 충분히 기르면 보다 멋진 트레킹을 즐길 수 있을 것이다. 체르마트나 브레일-세르비니아, 샤

모니 같은 산악도시 외에는 병원이나 약국이 없기에 비상약 등도 준비할 필요가 있다.
 일반적으로 알프스 산골에서 핸드폰 통화가 가능하지만 일부 지역에서는 안될 수 있다. 구조요청을 위해서라도 핸드폰은 필요하며 자신의 정확한 위치와 전화번호를 구조대에 알려주어 신속한 구조가 이루어질 수 있도록 한다. 구조비용이 만만치 않으니 꼭 필요한 경우에만 구조요청을 하는 것이 좋다.

장비

 알프스의 2000미터 고지 알파인 트레킹에 필요한 일반적인 장비가 필요하지만, 눈덮인 3000미터 이상 고개도 넘고 빙하를 지나야 하는 경우에도 대비해야 한다. 이 책에 소개한 세 코스를 주로 8월 중순 이후에 트레킹한 필자의 경우 아이젠이나 피켈, 로프 등을 가져가지 않았지만 6월 말이나 7월, 혹은 눈이 많을 경우 필요할 수 있다. 아이젠은 가벼운 워킹용 아이젠이면 충분하다.

의류 : 트레킹을 하다보면 시기나 높이에 따라 아주 덥거나 몹시 추운 경우가 있다. 2000미터 고지의 한낮 평균기온은 10~15도 정도지만 비나 눈이 내릴 경우 기온이 급강하해 한여름에도 1500미터 지대까지 눈이 내리기도 한다. 거기에 바람까지 불면 훨씬 더 추우니 방풍의류가 필수적이다. 반팔티에서부터 두꺼운 파일재킷까지 배낭무게에 맞춰 적정량(나의 경우 반팔티 두 개 파일재킷 하나, 방풍방수 의류 하나, 여분의 속옷 한 벌)을 준비해야 한다.
배낭 : 산장을 이용한다면 그다지 클 필요가 없지만 야영을 위해선 모든 짐을 넣을만큼 충분히 커야 한다. 비에 대비해 배낭커버는 필수적이다.
등산화 : 장거리 산행에는 발목이 길고 바닥이 휘지 않는 등산화가 좋다.

 기타 워킹용 스틱, 얇은 장갑, 양말 두어 켤레, 방한모, 창모자 등이 필요하다. 아울러 가벼운 식기류와 가스버너 등도 준비하면 (모든 식사를 산장에서 해결하더라도) 트레킹을 하면서 간혹 요긴하게 쓸 수 있다. 스크루 형식의 등산용 가스는 대개 큰 산악마을에서 구입 가능하다. 알프스 고지대에선 태양광선이 강하기에 창모자와 선그라스, 선크림 등도 필요하다. 카메라와 수첩 등도 준비하면 보다 멋진 추억거리를 남길 수 있다.

주요 산악마을들

체르마트(Zermatt)

발레 산군의 미봉, 마터호른 자락에 위치한 체르마트는 알프스 최고의 산악도시 중 하나다. 마터 계곡의 해발 1616미터에 위치한 인구 4천명 정도의 이 산간마을은 알프스에서 등반활동이 무르익기 시작하면서부터 외부세계에 널리 알려지기 시작했다.

1855년 스미스 형제가 몬테 로자를 오른 것을 시작으로 발레 알프스의 고봉들이 차례로 등정되었는데, 1865년에는 마터호른이 초등되어 더욱 유명해졌고 그로부터 30년 후에는 브리그에서 체르마트에 이르는 산악철도가 개통되면서 일반인들도 보다 쉽게 접근할 수 있게 되었다. 이어 고르너그라트(3090m)까지 산악철도가 올라갈 수 있게 되자 마터호른과 몬테 로자 산군의 환상적인 파노라마가 일반인들에게 알려져 세계적인 산악도시로 거듭 발전하였다.

1980년에는 클라인 마터호른(3883m)까지 케이블카가 개통되어 브라이트호른 산군의 당일 등반이 가능하게 되었고, 겨울철에는 스키를 즐기는 인파들로 체르마트의 거리가 붐볐다. 체르마트에는 자동차가 들어갈 수 없기 때문에 태쉬까지 가서 열차를 이용해야 한다. 또한 대기 오염을 방지하기 위해 마을에서는 작은 전기자동차나 마차만 다니고 있다.

마터호른 초등 당시의 체르마트는 초라한 알프스의 산촌에 불과했지만 지금은 각급 호텔들이 들어서 있고 휴가철에는 민가의 거실까지 임대해 줄 정도로 명실상부한 관광도시가 되었다.

마터호른 초등 직후 추락사한 산악인들과 그후 산에서 사망한 산악인들이 묻힌 묘지와 1904년에 개설한 산악박물관은 등산애호가들이 많이 찾는 곳이기도 하다. 이외에도 수영장과 테니스장 등이 잘 갖춰져 있고 겨울뿐 아니라 여름에도 스키를 탈 수 있는 테스타 그리기아와 클라인 마터호른 사이의 플라토 로사 사면이 있다. 체르마트 가이드협회에는 80명의 산악가이드가 등록되어 있는데, 4000m급 고봉일 경우 당일 가이드비용은 약 300~350 스위스 프랑이다.

체르마트에 호텔은 약 80개 정도 있는데, 5월~6월 그리고 9월 중순~11월 중순까지 비시즌이고, 나머지는 성수기이기에 예약해야만 낭패를 면할 수 있다. 기차역 앞 관광정보센터에서 무료로 예약할 수 있으며 기차역 동쪽 앞에 위치한 반호프 호텔이 저렴한 편이다. 또한 기차역 북쪽 선로 아래에 캠핑장이 있으며 체르마트 아래 태쉬에도 캠핑장이 있다.

자스페(Saas Fee)

체르마트보다 못하겠지만 알프스의 진주로 불리는 자스페도 발레 알프스의 등반과 관광지로 유명한 산간 마을이다. 자스 계곡의 가장 위쪽 마을 자스페(1790m)는 알라린호른이나 돔 등 유명한 4000미터 명봉들에 둘러싸여 험한 산세로 인해 오랫동안 사람들의 왕래가 뜸했다. 알피니즘이 싹트기 전에는 극소수의 사람들만이 이 지역에서 살아가고 있었다.
 사람들이 이곳에 이주한 것은 13세기 경으로, 자스탈과 이탈리아쪽 안자스카 계곡 사이의 몬테 모로 고개를 스위스와 이탈리아 상인들이 1267년 경부터 넘어다녔다는 기록이 있다. 게르만족이 마쿠나가에서 자스탈로 이주해 왔고, 또 이탈리아 농부들이 안자스카 계곡에서 몬테 모로 고개를 넘어 자스탈과 비스파 계곡으로 이주해 온 것이다. 이리하여 14세기 말경에 임젱, 부르게너, 칼버마텐, 추르브리겐과 같은 이름의 성이 불려지게 되었다. 옛날에는 그 험준한 산세 때문에 자스탈로 들어가는 길은 위험했다. 그런데 18세기 말에 이르러서 이 외딴 골짜기에 과학자, 화가, 모험가, 등산가들이 찾아오기 시작했다. 그리고 마침내 1930년대에는 슈탈덴과 자스 그룬트를 잇는 도로가 개설되고 1951년에는 가파른 산비탈을 이루고 있는 자스페까지 연결되었다.
 1388년 비스프 출신 비안드라테 백작이 막대한 돈을 들여 이 지방을 사들인 다음, 자스그룬트, 자스발렌, 자스알마겔, 자스페 등 네 개의 마을을 건설하고 전통적인 마르티스발트라는 지역사회를 만든 이래 이 고장은 서서히 발전해 왔다. 이 고장이 오늘날처럼 풍요로운 산간 휴양지로 발전할 수 있기까지 요셉 임젱 신부의 공적이 크다. 그는 19세기 중엽 이 지방의 성직에 부임하면서 혼신의 힘을 기울여 지역 발전에 매진, 길을 닦고 호텔을 지으며 관광객과 등산객을 유치했던 인물로서 자스페의 중심가엔 그의 동상이 세워져 있다.
 현재 자스페는 많은 숙박시설을 갖추고 있고 등산학교와 가이드협회가 있으며 1983년에 개축한 박물관이 있다. 펠스킨까지 케이블카, 그 이후 메트로알핀까지 지하등산열차가 운행하는데, 여기에 유명한 알라린호른 스키장이 있다. 스키장 위에 우뚝 솟은 알라린호른은 알프스에서 가장 오르기 쉬운 4000미터급 명봉 중 하나이기에 몬테 로자 일주 트레킹시 시간 여유가 충분하면 올라볼만 하다.

브레일-세르비니아(Breuil-Cervinia)
 브레일은 몬테 세르비노(Monte Cervino, 마터호른) 남측 사면으로 뻗어내린 계곡 맨 위에 위치한 마을의 원래 이름으로서 로마시대부터 불렸다. 세르비니아는 아오스타 계곡에서 오래도록 이어져온 친프랑스 문화를 말살하고자 2차 세계대전중 무솔리니 치하의 파시스트들이 지은 이름이었다. 아오스타 계곡 사람들은 이에 저항했다. 그후 많은 지명이 프랑스식 이름을 되찾았지만 브레일-세르비니아는 마터호른의 이탈리아식 이름인 세르비노에 관광객들이 더 호감을 가진다는 이유로 두 이름을 병행하게 되었다.
 브레일-세르비니아는 과거와 현재가 공존하는 아주 전형적인 산악마을이다. 마을 중심에 교회가 있으며 바로 뒤로 마터호른이 솟아 있고 몇몇 매력적인 가옥이 있지만 대체로 현대식 건축물들이 들어서 있다. 교회 뒤편으로 이어진 중심거리 양쪽으로 상가들이 집중해 있으며 작은 슈퍼마켓이 하나 있다. 마터호른을 사이에 두고 북쪽 너머에 위치한 체르마트에 비해 물가가 저렴한 편이며 체르마트에 비해 붐비지 않아 조용하게 알프스를 즐기기에 좋은 마을이다.

알라냐(Alagna)

알라냐 발세시아라는 공식이름이 있는 이 아름다운 산간마을은 발세시아 계곡 상단 1205미터 고지에 위치해 있으며 그 일대에서 가장 중요한 스키휴양지 중 하나다. 또한 몬테 로자 언저리에 위치해 있어 수많은 트레킹 코스들의 출발지이기도 하다. 그 지역의 오랜 유적들이 잘 보존되어 있는데, 중심가에서 조금 떨어진 곳에 있는 박물관에선 이 지역민들의 삶에 대한 기록들을 관람할 수 있으며 16세기 성곽을 둘러볼 수도 있다.

알라냐 중심가에 위치한 교회 또한 방문할 가치가 있는데, 현재의 교회는 1511년으로 기록되어 있는 부속예배당 자리에 세워졌으며 주제단은 17세기의 바로크 양식으로서 예술적 가치가 높다. 이 지역은 목공예술품으로도 유명한데, 전통적으로 목공예가들의 숙련된 솜씨가 이어져 오고 있다. 또한 알라냐에는 광산이 있었다. 파스토르 산장 가는 길에 장석광산이 아직도 있지만 한때는 금광도 있었다.

알라냐 중심에서 멀리 떨어진 작은 마을들이 여럿 있는데, 대개 자그마한 교회를 중심으로 마을이 형성되어 있다.

마쿠냐가(Macugnaga)

몬테 로자 동쪽 기슭에 있는 마쿠냐가는 워낙 산골 깊숙이 자리잡고 있어 실제로 대도시로 가려면 아오스타 계곡으로 먼길을 돌아 내려가는 것보다 스위스로 넘어가는 편이 나을 것 같은 곳이다. 마쿠냐가는 화려한 역사를 간직하고 있는데, 고지대의 정착지로서뿐 아니라 금광의 역사 때문이기도 하다.

몬테 로자 아래의 마쿠나가

지금은 예전의 영광은 간데 없으며 오직 겨울에 몬테 로자 아래에 있는 스키장을 찾는 이들만 붐빈다. 이 지역에는 발저(Walser) 건축물들이 몇몇 남아 있다. 로터리 주변이 마을 중심가를 이루며 주변에 호텔과 술집들이 모여 있다. 관광안내소나 가이드협회도 여기에 있다. 중심가만 벗어나면 아주 조용한 옛 마을거리에 접어들고, 여름에 빙하가 녹아 불어난 안자 계곡 물 소리만 요란하게 들린다. 시내에서 하나 뿐인 빵집의 빵맛이 좋으며 식료품점의 과일도 맛있다.

샤모니

샤모니-체르마트 오트 루트의 기점인 샤모니는 전세계 산악인과 스키어들의 휴식처로서 수많은 침봉들과 빙하들, 드넓게 펼쳐진 푸른 초원과 숲, 잘 다듬은 잔디밭, 현대식 레저시설과 숙박업소 등이 있는 산악도시이다. 1786년에 샤모니의 의사 미셸 가브리엘 파카르와 수정채집가 자크 발마가 몽블랑 등정에 성공함으로써 알피니즘의 본고장이 되었다.

20세기에 이르러 등산열차와 케이블카가 건설되고 1924년에는 제 1회 동계올림픽이 개최됨으로써 샤모니 몽블랑은 세상에 더욱 알려졌다. 1965년에는 샤모니에서 몽블랑 아래를 관통하여 이탈리아의 쿠르마이

예에 이르는 몽블랑 터널이 완공됨으로써 교통이 더욱 편해졌다. 스위스의 마티니와 제네바, 프랑스의 생 제르베, 이탈리아의 쿠르마이예 등으로 가는 교통수단이 발달하여 샤모니는 더 유명한 국제 관광도시가 되었다.

각 전망대에 이르는 케이블카 및 등산열차는 일반관광객뿐 아니라 산악인이나 트레커들에게 편의를 제공한다. 각종 산악관련행사들이 시즌이면 연이어져 시간이 맞는다면 오트 루트 트레킹에 앞서 둘러볼만 하다. 한편 매주 토요일 오전이면 몽블랑 광장에서 토요장이 선다. 이 지방 산골에서 생산되는 각종 치즈나 야채류, 목조각 등 토산품뿐 아니라 의류나 여러 가지 골동품과 도서들을 판매하는데, 잘만 고르면 의외로 싸고 귀한 물건도 찾을 수 있다. 몽블랑 광장 뒤편에 우뚝 솟은 건물은 ENSA(국립스키등산학교)다. 전통과 역사를 자랑하는 세계최고수준의 이 학교 건물 주변에 각종 스포츠 시설들이 밀집해 있다. 5년 정도 이 학교에서 스키와 등산에 관한 이론과 실기를 익힌 다음, 국가시험에 합격한 사람들에게 스키 강사나 등반 가이드 자격을 주는 국립 가이드 양성 학교이다. 외국인을 위한 몇몇 프로그램도 개설되어 있다.

발므 광장에서 오른쪽으로 접어들면 아담한 생 미셸 교회로 이어진 거리가 나온다. 이 거리 중간에 샤모니 시청이 있다. 12세기 초에 작은 예배당으로 세워진 생 미셸 교회는 1522년의 화재 이후 여러 번 개축되어 1758년에 지금의 모습을 갖추게 되었다. 이 교회 오른편의 3층 건물은 산의 집(Maison de la Montagne)으로서 1층은 가이드 조합이며, 3층엔 산악정보센터가 있다. 각종 트레킹 및 등반자료들이 비치되어 몽블랑 산군으로 오는 거의 대부분의 이들이 이곳에서 정보를 얻는다. 산의 집 앞 도로 건너편엔 관광 안내소가 있어 각종 서비스를 제공하고 있다. 관광 안내소와 교회 사이의 길을 약 10분 올라가면 브레방 전망대로 오르는 케이블카 역이 나타난다.

한편 안시나 체르마트, 제네바와 같은 장거리 버스 편은 샤모니 몽블랑 기차역 오른편 앞에 위치한 조그마한 통나무 사무실에서 알아보면 된다. 샤모니 계곡의 각 산행기점인 아르장티에르, 투르, 뷔에 혹은 우쉬 마을 등으로 이동하기 위한 교통수단은 시내버스나 산간열차 몽블랑 익스프레스를 이용하면 된다. 숙박업소나 캠핑장에서 제공하는 티켓(carte d'Hote)을 이용하면 무료로 편리하게 오갈 수 있다.

기차역 위로 가설된 계단을 올라 건너면 몽탕베르 행 등산기차역이 나타난다. 메르 더 그라스 쪽으로 가기 위해선 이 기차역을 이용한다. 발므 광장 한편에는 우체국 건물이 있으며, 파카르 거리를 따라 식당과 영화관, 서점 및 수퍼마켓, 그리고 등산장비점 등이 밀집해 있다. 이 거리를 좌측으로 돌아 철길을 건너고 아르브 강도 건너면 샤모니 슈드, 즉 샤모니 남쪽 광장 상가가 나타난다.

이 곳을 지나면 에귀 뒤 미디 행 케이블카역 광장이 나타난다. 3,800미터 높이의 에귀 뒤 미디 전망대를 찾는 이들이 많고, 여름 성수기에는 꽤 붐비기에 아침 일찍 나서는 게 좋다. 샤모니에서 케이블카로 30분이면 도달하는 에귀 뒤 미디 전망대는 몽블랑을 한눈에 조망해 볼 수 있는 샤모니 관광의 핵심이다. 단번에 2800미터의 고도를 높이기에 건강에 이상이 있는 이들은 조심할 필요가 있다. 샤모니의 큰 행사로 가이드 축제가 매년 8월 15일 열린다. 여러 가지 구조시범뿐 아니라 불꽃놀이나 고전의상 가장행렬 등이 펼쳐진다. 그리고 매년 세계수준의 암벽등반대회와 몽블랑 일주 산악마라톤대회 등 각종 산악행사가 열린다. 캠핑장은 샤모니 주변에 대여섯 군데 있다. 어느 곳이든 현대식 샤워시설 등의 편의시설이 잘 갖춰져 있어 여름시즌에 샤모니에 장기 체류하는 이들에겐 권할 만 하다.

수많은 침봉들과 어우러진 만년설 아래에 위치한 샤모니는 아르장티에르와 우쉬 같은 주변 마을과 연계되어 알프스 최대의 레저 휴양도시로서의 역할을 하고 있다.

산장예절

산장에 도착하면 트레킹할 때 신은 신발은 털어서 입구 바로 안쪽에 설치된 선반에 두고 산장 실내화로 갈아신는다. 이어 산장지기를 찾아 예약한 이름을 밝히고 침상을 배정 받는다. 대개 산장에서 제공하는 저녁 및 아침식사는 이미 정해져 있는 경우가 많다. 드물게 메뉴를 정해야 하는 경우도 있으니 자신이 특별히 원하는 음식이 있는 경우 미리 말해둬야 한다. 산장비 지불은 대개 저녁식사 후에 현금으로 지불한다.

담요와 베개는 산장에 구비되어 있지만 위생을 위해 침낭 내피 정도는 지니고 다니면 좋다. 새벽 일찍 출발하는 알피니스트들 때문에 간혹 잠을 설치는 경우도 있다. 저녁 일찍 잠자리에 드는 그들의 잠을 방해하지 않도록 한다. 일반적으로 저녁 10시가 소등시간이기에 그 전에 잠자리에 들어야 다음날 트레킹을 위한 충분한 휴식을 취할 수 있을 것이다.

알펜로제

꽃과 식물

 트레킹 중에 만나는 꽃의 개화는 시기에 따라 달라진다. 알파인 지대에서는 6월 말부터 9월 말까지 다양한 꽃들이 피고 진다. 초여름에는 마을 주변의 저지대에서 꽃들이 만개하기 시작해 2000미터 고지까지 이어진다. 하지만 그보다 높은 곳에서는 그제야 겨울눈이 녹기 시작하기에 꽃이 피지는 않는다.
 한여름이 되면서 저지대 풀밭에서는 풀을 베어 건초 만들기가 한창이지만 2000미터 이상에서는 이제야 꽃들이 피기 시작한다. 알프스의 장미 알펜로제가 이때 한창인데, 철쭉을 닮은 꽃들이 1500~2500미터 사면을 수놓는다. 이런 핑크빛 꽃밭은 트레킹 내내 즐거움을 더해준다. 저지대에서 보던 꽃들을 고지대에서도 보게 되는데, 크기는 보통 더 작지만 색깔과 향이 진하다. 2500~3000미터 고지에서는 진정한 알파인 종들을 만나게 되는데, 바위 사이에 아주 작게 자라고 있다. 이 꽃들은 눈이 내리기 전까지 약 6주 정도만 피었다 진다. 그러므로 에너지를 저장하기 위해 크기가 아주 작고, 곤충들의 이목을 끌기 위해 색상 또한 화려하다. 3000미터 내외의 고개들을 넘으며 지켜보는 이런 꽃들의 아름다움도 놓칠 수 없는 즐거움이다.
 물론 대부분의 이들이 보고 싶은 꽃은 에델바이스일 것이다. 운이 좋다면 트레킹을 하며 만날 수 있을텐데 일반적으로 7월 중순 전에는 피지 않는다. 나는 8월말에 유로파백 중간지점에서 한 무리의 에델바이스를 보았다. 한편 9월에도 자세히 살피면 많은 종류의 꽃들을 찾을 수 있다. 한여름에는 딸기를, 8월 중순부터는 블루베리 등을 맛볼 수 있다.
 또한 고도에 따라 다양한 종류의 나무들이 분포되어 있다. 알프스에는 주로 전나무와 소나무로 이루어진 침엽수림이 많다. 이런 숲들은 낙엽침엽수들이 많아 봄이면 연한 녹색으로 돋아나 가을에 황금빛으로 물든 후 떨어진다. 이것은 목재로 최상인데, 통나무집을 지을 때면 이 나무가 거의 빠지지 않는다.
 알프스에서 특이한 나무 중 하나는 아롤라 소나무로서 잎이 길며 가끔은 수목한계선 위에서 발견되기도 하는데, 더 작고 아주 단단하다. 워낙 강인한 나무라 영하 50도에서도 견딘다고 하는데, 잘 뒤틀리지 않아 조각가들에게 인기가 높다. 씨앗은 너무 무거워 바람에 날려가지 않고 대신 먹잇감이 되는데, 특히 동고비라는 새는 이 씨앗을 바위틈에 저장해둔다. 그러므로 아롤라 소나무는 아주 접근하기 힘든 절벽 등에서나 발견된다.

에델바이스

샤모아

야생동물

 알프스의 알파인 지대를 걷는 큰 즐거움 중 하나는 그 지역 야생동물을 만나는 일이다. 알프스에는 수많은 종류의 동물과 새들이 있는데, 트레킹을 하다보면 종종 만나게 된다. 샤모아, 아이벡스(산양), 그리고 마모트는 자주 볼 수 있지만 많은 동물들이 계곡과 알파인 초원, 모레인 지대에서 살고 있다. 숲에는 여러 종류의 사슴이 있는데, 일반적으로 이른 아침이나 황혼녘에 자주 보인다. 약 1500미터 아래에 서식하는 멧돼지는 가끔씩 트레킹 길옆 흙을 마구 파헤쳐 놓기도 한다. 또한 길가에는 다람쥐가 먹다버린 솔방울이 나뒹굴고 녀석들이 이 나무에서 저 나무로 뛰어 다니는 모습을 보게 된다.
 알프스 트레킹을 하다보면 여러 야생동물을 만나게 될 것이다. 분명 그들이 먼저 알아차리겠지만 너무 소리쳐서는 안된다. 풀밭 바위지대는 산토끼들이 사는데, 겁이 많고 호기심도 있어 바위 주변을 잽싸게 서성인다. 한편 알프스에 살쾡이도 있는데 아주 드물다. 예전에는 곰도 있었다고 하지만 지금은 없다. 물론 늑대나 여우 등도 있지만 좀체 만날 수 없을 것이다. 하지만 토끼나 마모트가 천적에 당한 잔혹한 잔해는 몇 번 목격한 적이 있다.
 또한 아주 작은 새에서부터 큰 새까지 다양하게 있다. 전나무 숲을 걷다보면 딱따구리의 나무쪼는 소리와 참새들의 지저귐을 들을 수 있다. 저지대에는 일반적으로 독수리가 살고 더 높은 지대에는 검독수리가 산다. 이들은 특히 나쁜 날씨에 높이 난다고 한다. 높은 고개를 넘다보면 노랑부리 까마귀를 만나게 되는데, 히말라야 8000미터 지대까지 날 수 있는 이 새까만 새는 부리가 노랗다. 하지만 알프스 전역에서 제왕 노릇을 하는 건 수염수리이다. 운이 좋지 않으면 좀체 볼 수 없는 이 녀석은 한 시간에 한번 정도 날개짓을 할 때에나 볼 수 있는데, 배 부분이 오렌지색을 띠고 있어야 진짜 수염수리이다. 육식을 주로 하는 이 녀석은 좀더 쉽게 소화하기 위해 사냥물을 높은 곳에서 떨어뜨린다고 한다. 종종 길가에 부러진 뼈 무더기가 있다면 이들이 남긴 것이다.
 이러한 야생동물들을 볼 수 있다는 것은 대단한 기쁨이다. 사진을 찍어 그러한 순간을 기록하는 건 좋은데, 그들을 놀라게 하지는 말아야겠다. 막무가내로 피사체에게 다가가거나 소리쳐 멀리 도망가게 해서는 안 된다. 고배율의 망원렌즈를 준비한다거나 자신의 눈에 담는 걸로 만족하자.

까마귀

테오둘 고개 아래, 이태리 쪽에서 본 마터호른 동남면 모습(좌우 페이지)

Tour of the Matterhorn
2-마터호른 일주

마터호른 일주
(Tour of the Matterhorn)

존 러스킨이 유럽에서 가장 우아한 바위벽으로 묘사한 4478미터 높이의 마터호른은 알프스 최고봉도 아니며 가장 어렵지도 않지만 고전적인 산을 대표하고 있다. 심지어 마터호른이라는 이름을 모르는 이들도 초콜릿 봉지나 광고에서 마터호른의 모습을 보았을 것이다. 하늘을 찌르는 피라미드 형상의 모습은 아름다움의 극치에 가까운 자연미를 간직하고 있다.

많은 이들이 마터호른 등반을 열망하며 일부는 정상에 서곤 한다. 하지만 마터호른의 아름다움을 가장 잘 느끼려면 마터호른의 품에서 벗어난 건너편 언덕에서 봐야 한다. 마터호른 일주는 마터호른이 위치한 산군을 둘러보며 이 독특한 봉우리를 볼 수 있는 코스이다.

마터호른 일주는 스위스와 이태리의 국경을 넘나드는 아주 긴 코스로서 3개의 문화권을 아우른다. 독일어와 프랑스어 두 언어권인 발레 지역과 이탈리아의 아오스타 계곡 등이다. 이 코스는 단순히 마터호른만 지켜보며 걷는 게 아니라 여섯 개의 계곡을 가로지르고 수많은 4000미터 이상 봉우리들을 둘러볼 수 있다. 알프스 산골의 독특한 생활상과 건축 및 농경문화도 체험할 수 있을 것이다. 자동차로 둘러볼 때는 알 수 없는 다양한 알프스의 모습을 체험할 수 있다.

산을 좋아하는 이들 중 지구상에서 가장 아름다운 봉우리로 마터호른을 꼽는 경우가 많다. 심지어 일반인들에게도 마터호른은 널리 알려져 있다. 그러나 나에게 마터호른은 가까운 산이 아니었다. 학창시절부터 알프스를 오르내렸고 최고봉 몽블랑은 수십 번도 넘게 다녀왔지만 마터호른 정상은 이제껏 단 한번 올라봤을 뿐이다.

학창시절, 나는 남들이 가치를 두었던 알프스 3대 북벽에는 관심이 없어 굳이 마터호른만은 오르지 않았다. 사람과의 인연처럼 산과의 인연도 한번 멀어지면 다시 가까워지기가 쉽지 않은지 그후로도 마터호른을 찾을 기회는 드물었다. 그러나 이제는 그런 마터호른과도 친숙해지고 싶었다. 한 해 전에 샤모니-체르마트 오트 루트 트레킹을 하면서 마터호른 일주 트레커들을 많이 만났다. 우리들이 흔히 알고 있는 체르마트 쪽에서만 보는 마터호른이 아니라 보다 다양한 마터호른을 지켜보며 걷고 싶었다. 여기에 기록한 내용은 그 1년 후에 둘러본 것들이다.

루트 개요

위치	스위스 발레 지역, 이탈리아 아오스타 계곡
출발/종착지	체르마트
총 거리	145km
소요일	8~10일
최고 고도	3301m
숙박	산장 및 호텔, 캠핑
난이도	어려움

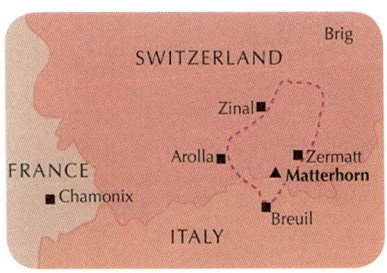

 마터호른 일주는 스위스의 발란도 협회(발레주 트레킹 연합회)의 아이디어로 만들어졌다. 1952년에 시작한 몽블랑 일주 50주년에 착안하여 발란도 협회장 윌리 프레이는 마터호른 일주를 결행하기로 했다. 이 일주는 이웃하는 두 산악지역인 발레와 아오스타 사이를 연결하는 것으로서 아오스타 계곡에선 오르지에르의 도움으로 이뤄졌다.

 마터호른 일주는 몽블랑 일주에 비해 상대적으로 새로운 일주 코스이긴 하지만 많은 길들이 스위스와 이탈리아 두 나라를 수세기 동안 이어준 옛 길들을 따랐다. 이 길들에서 트레커는 오래 전에 포터나 군인들, 목동과 상인들, 순례자와 강도들이 이용한 고갯마루와 국경고개들을 넘는다. 길은 험하고 기후변화가 심하다. 몇몇 고개들은 빙하 트레킹 기술을 요하며 상당한 체력이 있어야 된다. 몽블랑 일주에 비해 험한 편이긴 하지만 알파인 트레킹 경험이 있는 이들에겐 아주 매력적이다. 145km 길이의 마터호른 일주는 일정을 여유있게 짜야 한다. 시간이 부족한 이들은 급하게 전구간을 완주하기보다는 다음을 위해 남겨두거나 대중교통을 이용해 걷는 구간을 줄이는 게 좋다.

 이 책에는 7구간으로 나누었지만 한 구간이 하루 일정은 아니며 대체로 마을에서 마을까지, 계곡에서 계곡까지로 나누었다. 잠자리의 가능성은 다양하고 변형 코스들도 있다. 전 구간을 완주하려면 약 10일은 걸린다. 시간 여유가 있다면 더 길게 일정을 잡을 수도 있다. 또한 가능한 곳에서는 케이블카나 버스 등을 이용해서 빨리 완주를 하려면 7일이면 된다.

 마터호른 일주는 두 구간에서 다른 코스들과 겹친다. 체르마트~아롤라 구간은 오트 루트와, 브레일-세르비니아~그라헨 구간은 몬테 로자 일주와 겹친다. 다른 루트들도 하고픈 이들은 중복되는 구간을 빼먹고 싶을 테지만 몇몇 구간에서는 변형루트들도 있기에 모든 길들을 밟아보는 기회를 가질 수 있다. 마터호른 일주 코스가 점점 알려지고는 있지만 몽블랑 일주만큼 유명하지는 않고 그리될 것 같지도 않다. 꽤 험하고 복잡한 지대를 통과하기 때문이다. 마터호른 일주 중 많은 구간에서 상대적으로 고요하고 야생적인 면들을 접할 수 있어 도전적인 트레커들은 알프스의 속살을 체험해볼 소중한 기회가 될 것이다.

마터호른은 이태리와 스위스의 국경을 이루는 페닌 알프스 산맥에서 미샤벨 산군과 몬테 로자 산군 가까이 위치해 있다. 페레 고개에서 심플롱 고개까지 동쪽으로 펼쳐진 이 거대한 지역은 유럽에서 4000미터 이상 봉우리들을 가장 많이 거느리고 있다. 스위스와 이탈리아의 국경선을 이루는 알파인 분수령과 장대한 봉우리들 아래로 거대한 빙하들이 계곡들 아래로 흘러내린다. 스위스 쪽으로는 론 계곡으로, 이탈리아 쪽으로는 포 계곡으로.

페닌 알프스의 거대한 장벽은 아프리카 판이 대륙 판에 충돌해 생겨난 습곡지대의 대표지형이다. 산들이 솟아오르고 침식되면서 오늘날 믿기지 않을 정도로 아름다운 지형이 되었다. 리스캄이나 몬테 로자, 돔이나 바이스호른 같은 봉우리들은 몽블랑보다는 낮지만 웅장하고 장려한 면에서는 어깨를 같이 한다.

마터호른 일주는 스위스의 발레 지역과 이탈리아의 아오스타 계곡 두 지역을 아우르는 만큼 무척 다양하고 흥미롭다. 비록 두 지역이 거리상으로 아주 가깝고 상업과 농경의 역사를 함께 하며 거친 산악환경에서 단순한 생활을 이어왔지만 문화와 건축, 음식과 언어, 전통 등 많은 부분이 대조를 이룬다. 국경을 이루는 고개만 넘으면 풍경이 다르고 건축물과 농경방식이 다르며 쓰는 말도 다르다. 계곡을 거슬러 오르고 고개를 넘으며 마을로 들어서다보면 각 마을마다 독특한 면들을 지니고 있다는 사실뿐 아니라 그 지역을 묶어주는 공통된 문화 또한 체험하게 될 것이다.

마터호른 일주에 포함된 많은 길들은 수세기 동안 다양한 목적으로 이용되었다. 자동차가 생기기 전에는 론 계곡이나 아오스타 계곡으로 내려가는 것보다는 종종 알파인 고개들을 넘는 게 더 나았다. 산간 마을들은 간혹 급류와 산사태, 낙석 등에 의해 고립되곤 했다. 악천후와 추위, 탈진 혹은 강도 같은 위험을 감수해야 했던 알파인 지대의 고갯길이었지만 거리가 더 가까웠다. 많은 이점들이 있었던 셈이다.

옛사람들은 화폐보다는 물물교환을 했다. 알프스 산간사람들은 소금이나 양념류를 얻기 위해 자신들의 농산물을 내다팔았다. 아오스타 계곡의 포도주는 테오둘 고개나 콜롱 고개를 넘어 론 계곡으로 운송되었다. 목동들은 가축들을 옆 계곡으로 몰고다니며 풀을 먹였다. 작업을 위해 아주 먼 거리도 여행했는데, 예를 들면 스위스의 많은 알파인 건축물들이 알라냐 근처 발레시아 출신의 이탈리아 건축가들 작품이기도 했다. 또한 고향에서 여러 사정으로 더는 살 수 없는 상황이 되면 알파인 고개를 넘어 이주하기도 했다.

고지대를 쉽게 넘을 수 있었던 이유 중 또 하나의 흥미로운 사실은 중세시대의 알파인 기후가 오늘날보다 더 따뜻했다는 점이다. 예를 들면 테오둘 고개는 로마 시대에도 주요한 통상길이었는데, 기록에 의하면 오늘날보다 빙하가 훨씬 적었다는 사실을 알 수 있다. 그럼에도 열악한 장비와 식량으로 고지대의 고개들을 넘었다. 아직도 남아 있는 여러 고개에 세워진 기도처는 생명의 안위를 신에게 빈 흔적이다. 이러한 옛 사람들의 자취를 느껴보는 것도 좋을 것이다.

 알프스의 명봉 마터호른을 한 바퀴 도는 일주 코스는 알프스에서 가장 아름답고도 험한 트레킹 코스일 것이다. 3000미터가 넘는 고개를 3개나 넘을 정도로 오르내림이 심하며 약 145km 거리를 한 바퀴 도는데 8~10일 정도 소요된다. 대부분의 트레커들은 산장을 이용하는데, 숙박 및 저녁/아침식사가 포함된 이용료는 1일 약 45유로다. 인원이 많을 경우 예약 후 찾는 게 바람직하다. 캠핑 또한 가능하지만 무거운 짐을 지고 고개를 오르내릴 수 있는 체력이 필요하다. 도중에 만나는 산장에서 점심도 가능하며 이삼일 거리마다 만나는 산간마을에서 식료품을 구입할 수 있다. 스위스 산골에서도 유로(EUR) 통화가 가능하지만 환율을 불리하게 적용하고 거스름돈을 스위스 프랑(CHF)으로 돌려주니 어느 정도 스위스 프랑을 환전해가는 편이 좋다. 출발지는 교통이 편리한 체르마트에서 시작해서 끝내는 편이 좋다. 시계반대방향으로 돌면 높은 고개들을 마지막에 넘을 수 있어 오히려 수월하다.

1 구간 체르마트-생 니클라우스

출발지	체르마트
출발지 교통	비스프에서 열차, 태쉬까지 버스나 자동차를 이용한 후 체르마트까지 열차.
출발지 고도	1600m
도착지	생 니클라우스
도착지 교통	비스프에서 열차, 체르마트에서 열차, 비스프에서 버스, 그라헨에서 버스 등.
도착지 고도	1120m
등행 높이	1060m
하행 높이	1580m
거리	36km
시간	15시간 이상. 체르마트-유로파휘테 : 8시간. 유로파휘테-생 니클라우스 : 7시간.
최고 고도	2700m. 갈렌 베르그 지나 그라헨으로 하산하기 전 지점.
편의시설	체르마트에는 대부분의 편의시설이 있으며 태쉬알프에는 식당은 있지만 식료품가게는 없다. 그라헨과 생 니클라우스에는 식료품점과 현금자동인출기가 있다.
선택교통편	체르마트-수네가:리프트, 그라헨-생 니클라우스:버스.
숙박	체르마트, 태쉬, 란다:호텔. 태쉬알프, 유로파벡휘테, 유로파휘테, 그라헨과 생 니클라우스:호텔.
기타	비가 많이 내린 후라면 유로파벡 구간은 낙석이나 산사태가 발생할 확률이 높아 사전에 확인하는 게 좋다. 의심스럽다면 계곡길을 이용하는 게 안전하다.
탈출로	유로파벡 구간에는 계곡에 위치한 태쉬, 란다, 헤르브리젠으로 하산하는 여러 길이 있으며 거기서 체르마트나 생 니클라우스로 가는 열차를 이용할 수 있다.

이 구간에는 두 갈래 길이 있는데, 유로파벡과 계곡길이다. 유로파벡이 주요 트레킹 루트이며 산기슭의 계곡을 따라가는 계곡길은 날씨가 나쁘거나 길이 끊겼을 때 이용하면 된다.

 유로파벡은 기존에 있던 몇몇 길과 새로 만든 길을 연결해서 만든 상대적으로 새로운 길이다. 체르마트에서 그라헨에 이르는 전구간은 아주 높은 난이도의 트레킹로이다. 그라헨에서는 자스페까지 이어진 오래된 산허리길인 호헨벡과 연결된다. 이곳은 몬테 로자 일주 코스 중 한 구간과 겹친다.

 2000미터 이상 지대의 산허리길을 끼고 도는 이 발코니 루트는 빙하를 끼고 있는 알파인 봉우리들을 한눈에 볼 수 있어 풍광이 빼어나다. 특히 바이스호른은 이 구간을 걷는 내내 지켜볼 수 있는데, 우아한 동릉과 눈 덮인 북벽이 시야를 압도한다. 이틀 동안 계곡으로 내려가지 않아도 되고 모퉁이마다 마주치는 멋진 경치에 수시로 배낭을 내려놓고 싶은 구간이다. 체르마트를 뒤로 하고 걸으면서 차츰 멀어지는 마터호른의 모습을 돌아보는 재미도 있다.

 이 구간을 이틀 만에 걸으려면 서둘러야 한다. 체르마트에서 수네가행 리프트를 타거나 그라헨에서 버스를 이용하는 방법도 있다. 큰 고개를 넘지 않는 구간이지만 길이 험하니 과소평가해서는 안 된다. 체력이 충분해야 이런 멋진 루트를 즐길 수 있을 것이다.

 멋진 산악경관을 품고 있는 루트인 반면 위험한 구간도 몇 군데 있다. 험한 산허리를 도는 길이라 끊임없는 자연의 변화에 맞서기 위해 커다란 금속관으로 통로를 낸 곳도 있다. 이런 구간에서는 낙석이 빈번하니 통로 안쪽에 바짝 붙어 걷는 게 안전하다. 더구나 다음 구간에 안전하게 도착할 때까지 방심하지 말라고 충고하는 구간도 있다. 내가 갔을 때도 수십 미터 높이의 다리가 낙석으로 파손된 장면을 목격했는데, 거대한 자연의 힘에 맞서 끊임없이 길을 정비하지 않으면 몇 년도 되지 않아 사라져버릴 길이다.

 이 구간에는 산장이 두 개 있는데, 처음 만나는 유로파벡휘테는 태쉬알프스에 있는 산장겸 카페다. 만일 이 구간을 3일간 걸을 예정이라면 아주 좋은 휴식처가 되는 곳이다. 하지만 대부분의 트레커는 이틀 만에 통과할 예정으로 체르마트와 그라헨 중간 지점에 위치한 유로파휘테를 이용한다. 계곡 위 우뚝 솟은 언덕에 위치한 이 산장은 나무로 지은 멋진 샬레다.

Europaweghutte　　tel:0279672301 ; fax:0279663965
　　　　　　　　　www.europahuette.ch / willischthomas@yahoo.com
Europahutte　　tel:0279678278 ; fax:0279676074
　　　　　　　　fam.brantschen.europahuette@freesurf.ch

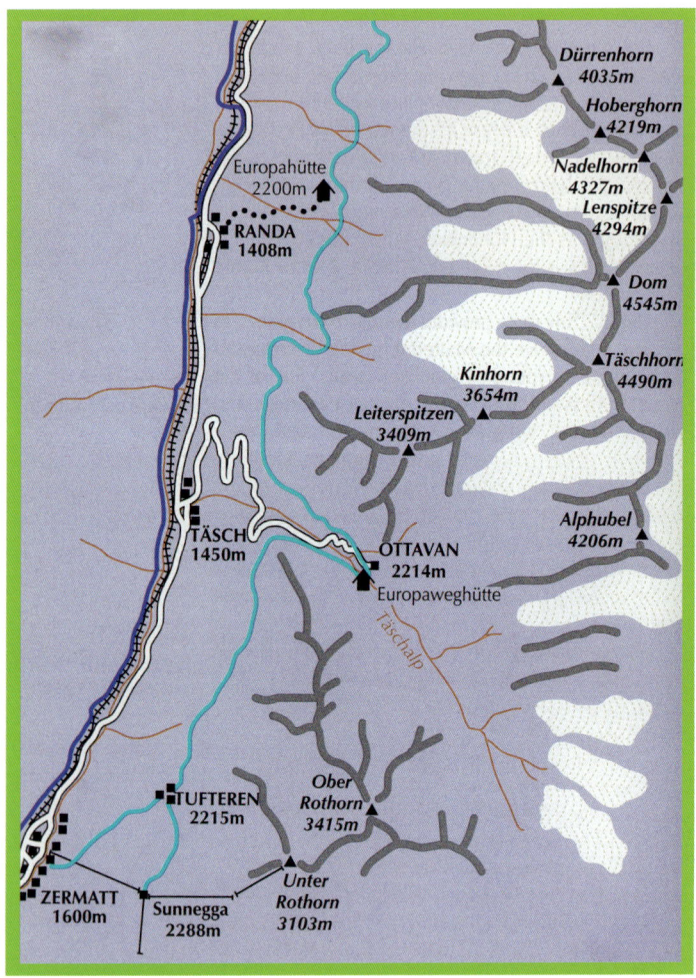

변형루트-1일 산행

 만일 이 구간을 하루 만에 가려면 수네가까지 리프트로 올라 란다까지 내리막길을 걸어 생 니클라우스행 기차를 타거나, 체르마트에서 란다까지 기차로 이동하여 유로파휘테 바로 아래에서 유로파벡 루트에 접어들어 계속해서 길을 따라 그라헨까지 가면 된다. 이 방법은 길고 힘겹지만 멋진 하루산행 코스이다. 유로파벡 코스에 대한 보다 상세한 정보는 웹사이트(www.europaweg.ch)에서 확인할 수 있다. 다리나 길이 끊겼을 수도 있고 눈이 내린 경우도 있으니 미리 확인하고 출발하는 게 좋다.

변형루트 – 산기슭의 계곡길

 날씨가 좋지 않거나 유로파벡이 끊겨 혹은 피곤하여 쉬엄쉬엄 걷고 싶을 때는 계곡길이 좋다. 알파인 봉우리들의 풍광은 즐길 수 없겠지만 태쉬와 란다, 헤르브리겐, 생 니클라우스 등 산골마을 사람들의 생활상이나 전통가옥 등을 볼 수 있다. 란다에선 1991년에 발생한 거대한 산사태의 흔적이 남아 있다. 작은 마을과 철도와 도로 심지어 강물까지 집어삼킨 산사태의 모습은 자연의 힘이 얼마나 대단한지 실감하게 해준다.

체르마트는 중심가에 위치한 교회를 중심으로 번창했다. 저 멀리 구름 아래로 유로파벡 코스가 산허리를 돌아 개척되어 있다.

체르마트에서 투프터렌에 이르는 길은 평탄하다.
마터호른이 구름에 가려 있다.

약 한 시간 반 만에 도착한 투프터렌은
전통 가옥들이 잘 보존되어 있다.

투프트렌에서 만난 영국 트레커들. 10일 걸려 몬테 로자 일주를 했다는 이들은 우리의 배낭을 보고 놀라워했다.

유로파벡은 1백년 전에도 다녔을 법한 이 오래된 길들을 연결한 멋진 산허리길이다. 구름 위로 테오둘 고개가 보인다.

유로파벡의 초반 구간은 산악자전거를 즐기기에 좋을 정도로 평탄하다.

계곡 저 멀리 오타반(태쉬알프)이 보인다. 유로파벡휘테가 있는 마을이다.

Zermatt

유로파벡 루트에는 낙석의 위험을 피하도록 이렇게 통로를 만들어 놓기도 했다. 굴을 뚫은 곳도 있으며 철로 만든 큰 관을 이용하여 터널을 만들어 놓은 구간도 있다. 이 구간은 3~400미터 정도 이어진다. 안전을 위해 안쪽으로 붙어 걸으라는 표지판이 보인다.

유로파휘테 전에 바위를 뚫어 만든 통로. 입구에 스위치를
누르면 태양광을 이용한 전등을 켤 수 있다.

산허리길을 돌면서 줄곧 계곡 건너편 위에 펼쳐진
알파인 풍경을 바라볼 수 있다.

유로파휘테 가기 전에 위치한 거대한 다리. 만든 지 얼마 되지 않은 (수십미터 높이의) 다리였지만 낙석에 끊어졌다. 우리는 아래로 우회해 2시간 더 걸어야 했다.

유로파휘테에서 만난 트레커들. 10분 거리에 멋진 야영지가 있다고 알려주었다.

전날 저녁에 비가 내렸지만 이튿날 아침에는 화창하게 개었다. 뒤로 바이스호른이 우뚝 솟아 있다.

체르마트 계곡을 왼편 아래에 두고 유로파벡 산허리를 돌아 걷고 있다. 저 멀리 마터호른이 살짝 고개를 내밀고 있으며 테오돌 고개도 보인다. 계곡 중간 란다 쪽에 발생한 산사태의 모습이 보인다.

브라이트호른

2700미터 지점에서

그라헨으로 내려가는 길에서

프랑스 그르노블에서 왔다는 트레커들.

그라헨이 내려다보이는 전망 좋은 언덕에 트레커들의 안녕
을 기원하기 위해 세운 아기 성자상

그라헨에 닿기 전 가즌리트 마을 외곽의
농가. 건초를 만들고 있다.

생 니클라우스

가즌리트 마을에서 본 산골풍경. 계곡 아래에 생 니클라우스가 있으며 다음 구간에 갈 융겐 마을이 건너다 보인다.

중겐

융겐에서 본 가즌리트

2 구간 생 니클라우스-그루번

출발지	생 니클라우스
출발지 교통	비스프에서 열차, 체르마트에서 열차, 그라헨에서 버스, 차량 접근 가능.
출발지 고도	1120m
도착지	그루번
도착지 교통	지에르(Sierre)에서 버스, 승용차 접근 가능
도착지 고도	1822m
등행 높이	1790m
하행 높이	1075m
거리	12km
시간	약 8시간
최고 고도	아우그스트보드패스 2894m
편의시설	그루번은 아주 작은 마을인데, 슈바르츠호텔 바에서 스낵 몇 가지와 초콜릿만 살 수 있다.
선택교통편	융겐행 케이블카
숙박	생 니클라우스: 여러 종류의 호텔들. 융겐에 여행자 숙소와 식당, 그루번에 슈바르츠호텔이 있다.
기타	융겐 마을 위의 길은 아주 돌출되어 있으며 돌길이 많아 젖어 있을 때 주의를 요한다. 가끔 아우그스트보드패스 동쪽 면에도 잔설이 있을 수 있으며 마지막 구간은 아주 가파르다. 시즌 초반(6월말~7월초)에는 얼어 있을 수 있기에 조심해야 한다.
탈출로	아우그스트보드패스로 오르는 도중 갈림길에서 아우그스트보드스타펠로 내려가는 길이 있다.

생 니클라우스는 체르마트 계곡의 중심은 아니지만 매력적인 마을인데, 마터호른 일주에 필요한 모든 시설이 있는 곳이다. 19세기까지도 이 마을은 샤모니처럼 많은 이들이 찾았고 그 영향력은 테오둘 고개까지 뻗칠 정도로 지역경제의 중심지였다. 1960년대까지 주민이 체르마트에 비해 많았다. 1970년대 초까지 도보나 마차, 기차로만 체르마트에 갈 수 있었는데, 태쉬까지 도로가 놓이자 상황이 달라졌다. 마터호른이 보이지 않는 이유로 생 니클라우스는 사람들로부터 외면당한 셈이다.

수세기 동안 체르마트 계곡의 마을들은 테오둘 고개를 통해 가축과 낙농품뿐 아니라 곡물이나 소금, 양념류 등을 수출했다. 그 결과 현지인들은 경험있는 산악인들이 되었는데, 생 니클라우스는 그런 가이드와 산악인들의 본거지였다. 그들은 이 지역의 수많은 봉우리들을 초등했다.

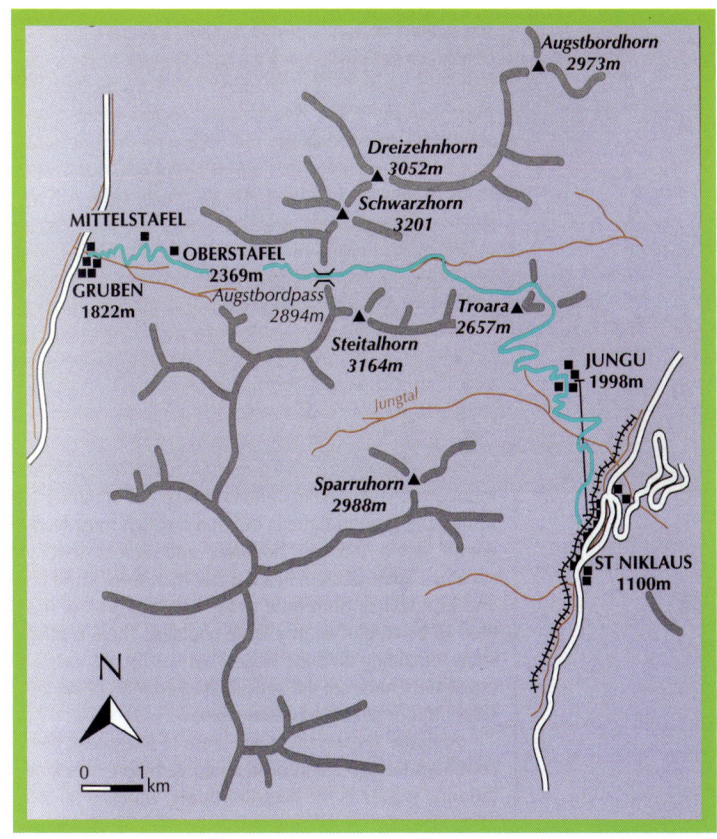

  생 니클라우스에서 길은 전망 좋은 언덕 위에 자리잡은 융겐(1998m)으로 올라간다. 작은 케이블카가 연중 운행하고 있고 알프스의 목가적인 풍경이 잘 간직되어 있는 아담한 마을이다. 한 시간 반 이상 오르막을 걸어야 닿는 이 마을 중심에 위치한 하얀 교회건물이 인상적이다. 식당과 여행자 숙소가 있어 여기서 하룻밤 묵는다면 영원히 잊을 수 없는 체르마트 계곡의 밤풍경을 맞이할 것이다.

  아우그스트보드 고개로 이어진 길은 아기자기하고 흥미롭다. 체르마트 계곡과 유로파벡 쪽을 바라보는 풍경이 좋다. 이 길은 로마시대에도 이용된 흔적이 발견되었다고 한다. 산허리길을 끼고 돌아 돌길을 지나 고개를 넘으면 길이 다소 황량하지만 알파인 지대의 광활함이 가슴을 시원하게 한다. 울창한 숲길을 지나 그루번에 도착하면 관광화 되지 않은 한적한 알프스 산골마을의 분위기를 느낄 수 있다. 비스호른(4153m) 아래에 위치한 이 마을은 여름에만 사람들이 찾는데, 겨울에는 눈사태의 위험 때문에 도로가 차단되기 때문이다. 따라서 이 지역은 산양 등 야생동물의 천국이다. 물론 여름 성수기, 특히 일요일에는 많은 이들이 찾지만 길에서 조금만 벗어나도 한적한 풍경에 들 수 있다. 슈바르츠호른 호텔이나 여행자 숙소가 있으며 캠핑을 할 수도 있다.

생 니클라우스에서 융겐 마을로 오르는
길 입구에 세워진 케이블카역.

융겐 마을로 오르는 길은 가파르지만 도중에 쉴 수 있는 의자가 많다.

두 시간이 채 걸리지 않아 도착한 알프스의
산간마을 융겐. 시즌인데도 조용했다.

알프스 전통 가옥들이 많은 융겐마을은
시간을 내어 둘러볼만 하다.

마을 중심에 위치한 교회

이 마을에서 만난 마터호른 일주 개념도

융겐 마을 뒤로 체르마트 계곡이 내려다 보이며 유로파벡
산허리길도 건너다 보인다.

마을을 벗어나 숲 위로 오르면 유로파벡 코스 마지막 구간인
가즌리트 마을이 바로 건너다보인다.

마을을 벗어나 숲 위로 오르면 유로 파벡 코스 마지막 구간인 가즌리트 마을이 바로 건너다보인다.

아우그스트보드 고개로 이어진 길은 잘 나 있다. 한적한 알파인 산길을 걷는 즐거움을 느낄 수 있다.

체르마트 계곡을 계속 내려보며 걸을 수 있다.

융겐 마을과 아우그스트보드 고개를 알려주는 이정표.
오른편 아래 계곡 건너편에 그라헨 마을이 있다.

아우그스트보드 고개로 오르는 길 양쪽에는 라벤다 등 야생화들이 피어 있었다.

뒤로 유로파벡 산허리길 위로 솟아있는 돔이나 나델호른 등의 4000미터급 봉우리들이 보인다.

아우그스트보드 고개에 이르는 길은 한여름에도 얼어 미끄러울 수 있다. 여기서 캠핑한 우리는 싸락눈을 맞았다.

Augstbordpass

아우그스트보드패스 정상에서.
아쉽게도 비가 내리고 구름이 끼어 아무것도 볼 수 없었다.

고갯마루에서 그루번으로 내려가는 트레커들. 한 시간 정도 나무 한 그루 없는 알파인 지대를 내려가야 한다.

그루번에서 한 시간 거리에 있는 알파인 목장. 전나무 숲을 걸어내려야 그루번이다. 이곳의 목장지기는 멋진 오토바이를 타고 그루번에서 볼일을 보고 막 도착했다.

```
Jungen : Pension Jagerstubli  tel:0279562101 / mobile:0786062528
         Topalihutte  tel:0279562172 / mobile:0792204006
         www.topalihitta.ch / albrecht.reto@bluewin.ch
Gruben : Hotel Schwarzhorn   tel:0279321414
```

그루번 중심에 위치한 교회. 이 마을 아래쪽에 슈바르츠호른 호텔이 있는데, 그 바로 옆으로 마터호른 일주 길이 나 있다. 상점이 없는 이 마을에선 호텔 바에서 맥주와 스넥 한두 개만 구입할 수 있다. 규모가 꽤 큰 현대식 호텔이지만 신용카드는 받지 않기에 현금이 필요하다. 한편 호텔 다락방은 트레커들이 묵을 수 있는 도미토리 침상이 있어 그루번에서 하루 묵는다면 이용할 만하다. 화살표는 다음 구간으로 이동하는 표시로서 한동안 계곡을 따라 오른다.

3 구간 그루벤-지날(포르크레타 고갯길)

출발지	그루벤
출발지 교통	지에르 (Sierre)에서 버스, 차량 통행 가능
출발지 고도	1822m
도착지	지날
도착지 교통	지에르에서 버스, 승용차 접근 가능
도착지 고도	1660m
등행 높이	1052m
하행 높이	1214m
거리	14.5km
시간	약 7시간
최고 고도	포르크레타 고개 2874m
선택교통편	없음
숙박	그루벤 : 슈바르츠호텔. 지날 : 호텔 몇 군데, gite Auberge Alpina(여행자숙소).
탈출로	이 구간에선 되돌아가는 것 외엔 탈출로가 없으며 마이드파스(Meidpass 2790m)를 넘어 바이스호른 호텔(2337m)을 경유하는 루트도 권할만 하다.

 이 구간에서는 4000미터 이상 봉우리 다섯 개가 보이며 멋지고 다양한 산악경관이 펼쳐진다. 지날은 주변에서 가장 멋진 산간마을로서 호텔이나 케이블카뿐 아니라 다양한 휴양시설을 갖추고 있으면서도 산골마을의 품위를 간직하고 있다. 지날(Zinal)이라는 이름은 물흐르는 통로 같이 생긴 그 계곡의 형상을 일컫는 방언에서 유래되었다. 과거에 지날은 유목민들이나 여름철에 찾는 마을이었다. 요즘은 연중 상주하는 주민들이 있으며 겨울철에도 관광객들이 찾는다.
 이 구간에선 포르크레타 고개를 넘거나 마이드 고개를 넘어 바이스호른 호텔을 경유하는 두 루트를 선택해야 하는 고민이 있다. 나는 보다 짧은 포르크레타 고개를 넘었다. 그러면 하루 만에 지날까지 갈 수 있으며 마이드 고개를 넘으면 바이스호른 호텔에서 묵으면 좋다. 여하튼 포르크레타 고갯길은 마이드 고갯길보다 좀 더 외지고 사람의 발길이 덜 닿은 코스이다. 이 계곡부터는 독일어권에서 벗어나 불어권에 속한다.
 지날에선 충분한 시간 여유를 가지고 뒷골목도 걸어보며 알프스 전통가옥들을 둘러보고서 빵집과 카페에서 여유도 가져볼만 하다.

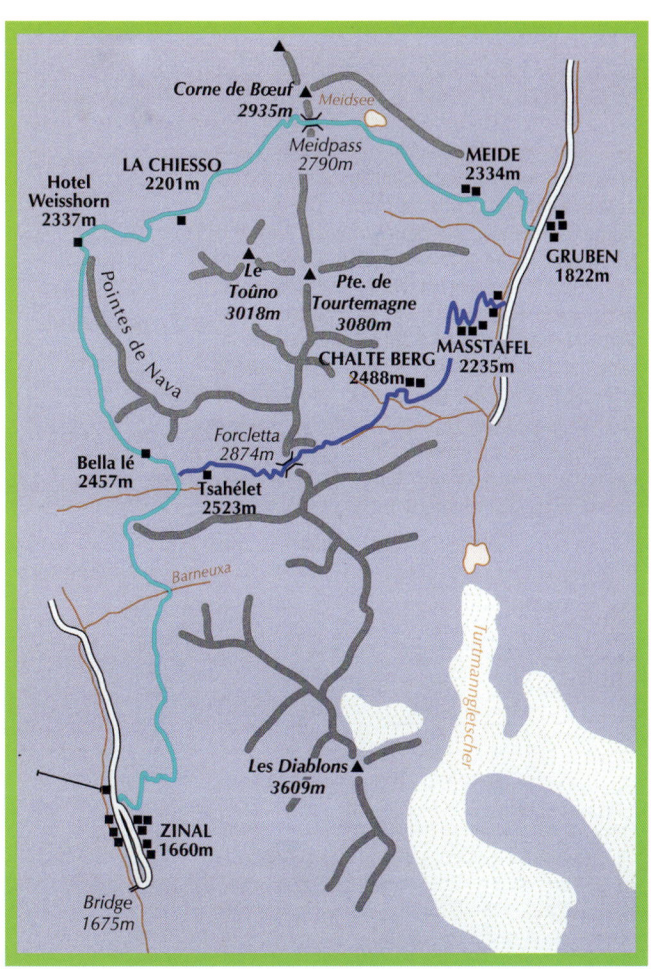

Hotel Weisshorn tel:0274751106
Zinal Auberge Alpina tel:0274751224 / fax:0274755033

그루번에서 포르크레타 고개로 오르기 위해선 마스타플(2235m)을 거쳐야 한다. 사진은 마스타플 바로 아래 걷기 좋은 풀밭길이다.

마스타플(2235m) 위 전나무 숲을 빠져 나오고 있다.

샬트 베르그 목장(2488m)으로 이어진 산판도로에서 본 그루번.
산판도로 아래로 트레킹로가 이어져 있다.

포르크레타 고개로 오르기 위해선 샬트
베르그 목장을 거쳐야 한다.

샬트 베르그 목장.
대부분의 알프스 목장에는 전기가 통하는 울타리를 설치해 놓았다. 통행자가 자유롭게 지나갈 수 있는 지점이 따로 마련되어 있지만 조심해서 울타리를 넘어야 한다.

포르크레타 고개 아래는 깨끗한 물이 흐른다. 마이드 고개를 넘을 때보다 조용하고 깨끗하다.

포르크레타 고개에서 그루번 쪽으로 내려다본 풍경

포르크레타 고개에서 주변 봉우리들을 보며 마시는 커피맛이 일품이다.
날씨가 좋으면 네다섯 개의 4000미터 봉우리들을 볼 수 있다.

포르크레타 고개에서 서쪽으로 본 풍경. 다음 구간에 넘어야
하는 소르브와 고개(2835m)가 보인다.

포르크레타 고개에서 지날로 내려가는 길은 험하지 않다.

포르크레타 고개 아래 목장(Tsahelet 2523m)에서.

이 돌길만 지나 산허리길을 돌아내리면 전나무 숲이
이어지고 숲길을 한 시간 내려가면 지날이다.

지날로 내려가기 전, 전나무 숲 한 시간 전에 위치한 목장(Barneuza 2211m).
목장에서 트레커들이 구할 수 있는 것은 없다.

전나무 숲 오른편 아래에 지날이 위치해 있다.

Zinal

주변에서 꽤 큰 산간마을 지낼에는 트레커들에게 필요한 편의시설이 갖춰져 있다. 꽤 큰 슈퍼마켓도 있어 필요한 물품도 구입할 수 있다. 케이블카뿐 아니라 호텔 및 여행자 숙소도 있다.

4 구간 지날-레조데르

출발지	지날
출발지 교통	지에르 (Sierre)에서 버스, 차량 접근 가능
출발지 고도	1660m
도착지	레조데르
도착지 교통	시옹(Sion)에서 버스, 승용차 접근 가능
도착지 고도	1450m
등행 높이	1975m : 지날~소르브와 고개(1185m), 므와리 호수~레조데르(790m)
하행 높이	2180m : 소르브와 고개~므와리 호수(710m), 토랑 고개~레조데르(1470m)
거리	22km(지날~므와리 호수 : 9.5km)
시간	약 12시간
최고 지점	토랑 고개 2919m
선택교통편	지날 : 케이블카, 빌라-레조데르 : 버스
편의시설	므와리 식당에서 스넥, 아롤라 : 식료품점과 작은 장비점.
숙박	므와리 호수 레스토랑(도미토리), 레조데르: 호텔들.
탈출로	므와리에서 론 계곡행 여름철 버스가 운행한다.

 이제껏 높은 고갯길은 대부분 거친 돌밭이었던 반면, 이 구간은 부드러운 흙길이라 발 아래를 신경 쓸 필요없이 파노라마 경치를 즐기며 걸을 수 있다. 소르브와 고개로 가기 위해선 중간 높이까지 운행하는 케이블카를 이용하거나 걸어올라야 한다. 마을 맨 위 주차장에서 다리를 건너 가파른 지그재그 길을 걸어오르면서 바이스호른과 지날로트호른의 웅장한 모습을 지켜볼 수 있다. 이어 소르브와 고개에 오르면 전혀 다른 풍경으로 바뀐다. 에머랄드빛 므와리 호수 위로 곧 넘어야 하는 토랑 고개가 바로 건너편에 있으며 그 위로 몽블랑까지 아스라히 보인다.
 흙길을 걸어내려 므와리 호수에 닿아 시간 여유만 있다면 이곳 도미토리에서 하루 묵으며 호수를 일주하거나 카페에서 커피를 마시며 오후를 즐길 수 있다. 토랑 고개로 오르는 길도 흙길인데, 도중에 만나는 돌집이 운치 있다.
 토랑 고개에선 레조데르 및 아롤라 쪽 계곡이 훤히 내려다 보인다. 이 지역과 다음날 넘어야 하는 콜롱 고개 너머 이탈리아 지역과는 수세기 동안 활발한 교류가 있었다고 한다. 토랑 고개에서 계곡으로 내려가는 길 곳곳에 여름내내 야생화들이 피어 있으며 한가롭게 풀을 뜯는 소들을 볼 수 있다.

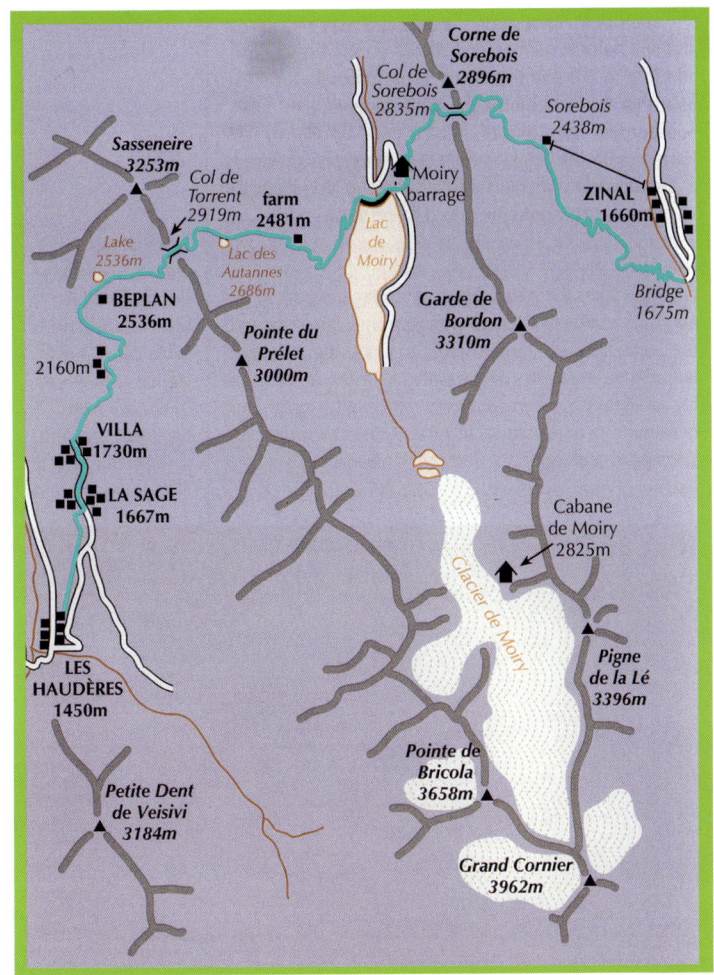

 빌라에서 마을길을 따라 레조데르까지 걸어내려 갈 수도 있으며 버스를 이용할 수도 있다. 레조데르에도 알프스 전통가옥들이 남아 있어 시간을 내어 마을을 둘러보면 좋다. 체르마트에 도착하기 전까지 스위스에서 묵는 마지막 밤인 셈이다.
 한편 레조데르에서 아롤라까지 대부분의 사람들은 버스를 이용한다. 도보로 이동할 경우 반나절의 시간이 걸리는데, 다음날 콜롱 고개를 넘어 이탈리아 땅에 들어서기 위해서다. 아롤라까지 계곡 숲길을 걸으며 어중간하게 시간을 허비한다는 생각도 들겠지만 전 구간을 걷기로 결심한 이들에게는 그 이상의 가치가 있을 것이다.

지날에서 소르브와 고개로 오르다보면 바이스호른과
지날로트호른의 웅장함을 돌아볼 수 있다.

소르브와 고개에서 내려다본 지날 쪽 풍경.
바로 아래 초원 끄트머리에 케이블카 역이 있다.

소르브와 고개(2835m)에서 내려다본 므와리 호수.

에머랄드빛 므와리 호수를 앞에 두고 걷는 즐거움은 크다.
길 또한 흙길이라 발 아래를 신경쓸 필요가 없다.

시간 여유가 있다면 호수 앞 도미토리에서 하룻밤 묵을만 하다.
Moiry barrage
tel:0274751548 / mobile:0794718051
clems@bluewin.ch

지날에서 소르브와 고개를 넘어온 산악자전거 매니아가 므와리 호수로 내려가고 있다.

호수까지 버스운행도 하고 차량 접근이 가능해 만년설산을 보며 낚시를 즐기는 이들도 많다.

둑 건너편 언덕에 레스토랑 및 도미토리가 있으며 공중 화장실도 있다. 그 아래에 버스 정차장도 있다.

8월 말인데도 야생화들이 많았다.

누군가가 알파인 별장으로 지은 돌집 뒤로 저 멀리 므와리 빙하가 흘러내리고 있으며 그 위로 솟은 그랑 코르니애르(3962미터)가 보인다.

툐랑 고개(2919미터) 아래 오탄 호수(2686미터) 너머로 묘와리 빙하가 흐르고 있다. 한적한 알파인 호수 옆을 오르는 길은 계속해서 좋다

오탄 호수 옆길

토랑 고개에서 내려다본 오탄 호수와 므와리 호수

토랑 고개 정상

십자가 오른편 아래 계곡에
레조데르 마을이 보인다.

토랑 고개에서 레조데르로 하산하는 길은 평탄하지만 길게 이어져 있다. 고개 아래 2536미터에 위치한 호수는 자그마하며 소들 때문에 식수로 사용하기 곤란하다. 므와리에서 충분하게 식수를 준비해 가야 한다. 그래도 경치만은 멋지다. 저 멀리 다음날 넘어야 하는 스위스-이탈리아 국경선이 보인다.

고개에서 첫 번째로 만나는 마을 빌라(1730미터). 레조데르까지 걸어내려 갈 수도 있지만 차 시간만 맞으면 버스를 이용할 수도 있다.

빌라 마을(1730미터)

레조데르(1450미터)는 산간계곡에서 교통의 요지인 셈이다. 스위스 론 계곡 중앙의 큰 도시 시옹(Sion)에서 이곳까지 버스가 한두 시간에 한번 꼴로 운행하며 여기서 빌라 마을이나 아롤라 마을행 버스를 갈아타야 한다.

2000미터 이상 고도에 위치한 아롤라에는 작은 상점과 등산용품점이 있어 트레커들에겐 중요한 마을이다. 여름철에 피서객들도 많이 찾으며 계곡 위 알파인 봉우리들을 오르는 산악인들도 즐겨찾는 곳이다.

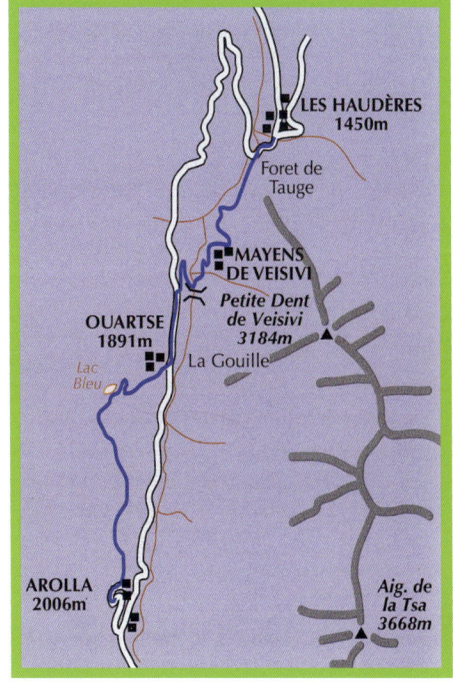

레조데르에서 아롤라까지 계곡을 따라 오르는 초반 구간은 다소 지겨울 수 있겠지만 락 블루부터는 전망이 좋다. 두세 시간 소요. 대부분의 트레커들은 버스를 이용한다. 여름시즌에도 버스는 두세 시간에 한 대씩 운행한다.

5 구간 아롤라-프라라예르

출발지	아롤라
출발지 교통	시옹 (Sion)에서 버스, 차량 접근 가능.
출발지 고도	2006m
도착지	프라라예르
도착지 교통	발펠리네(Valpelline)까지 버스, 댐 아래까지 택시 가능.
도착지 고도	2005m
등행 높이	108m
하행 높이	1085m
거리	15km
시간	약 10시간
최고 지점	콜롱 고개 3087m
편의시설	아롤라 이후 콜롱-나카무리 산장까지 아무 것도 없음.
숙박	아롤라 호텔들, 콜롱-나카무리 산장, 프라라예르 산장.
탈출로	일단 아롤라를 떠나면 되돌아오는 외에 다른 길은 없으며 콜롱 고개를 넘으면 스위스로 돌아오는 길이 멀다.

 빙하를 가로지르고 눈덮인 침봉들 사이의 안부(콜롱 고개 3087m)를 넘는 이 구간은 아주 다채롭다. 완만한 경사의 빙하를 거슬러 오르지만 과소평가해서는 안된다. 신설이 내리면 크레바스가 보이지 않을 수 있기에 자일로 서로의 몸을 묶고 이동하는 게 안전하다. 가끔은 아이젠이 없어도 빙하를 가로지르고 가파른 모레인 지대를 올라 고개 아래 평탄한 지대를 통과할 수 있지만, 고개 바로 아래의 가파른 빙하면이 미끄러울 수 있으니 조심해야 한다. 전체적으로 얼어 있을 수 있어 아이젠을 착용하는 게 안전하고 빠르다.

 아롤라에서 고개까지 약 6시간 걸리는 먼 거리지만 풍경의 변화가 많아 일정이 빠듯하지 않다면 즐겁게 국경을 넘을 수 있다. 고개 너머 이탈리아 쪽은 빙하에서 벗어나 모레인 지대가 나타난다. 고갯마루에 위치한 알파인 호수도 아름답다. 모레인 바위지대를 한참 걸어내리면 산장이 있고 그 아래로 차츰 야생화와 마모트가 있는 아름다운 알파인 초원이 나타난다.

 콜롱 고개는 오랫동안 널리 이용된 통로였다. 1220년부터 고개 양쪽 지역민들 간 전쟁이 일어나 1233년에 평화협정이 체결되었다. 그후 100년간 서로 도움을 주고 받는 사이가 되었다. 목동이 반대편 계곡에 풀을 뜯을 수 있게도 되었으며 생필품 거래도 하게 되었다. 그러나 18세기가 되어 빙하가 커지면서 모든 게 변했다. 오직 알피니스트만 고개를 넘을 수 있었는데, 1859년에는 폭풍우에 64마리의 양이 몰살되었다는 기록이 있다.

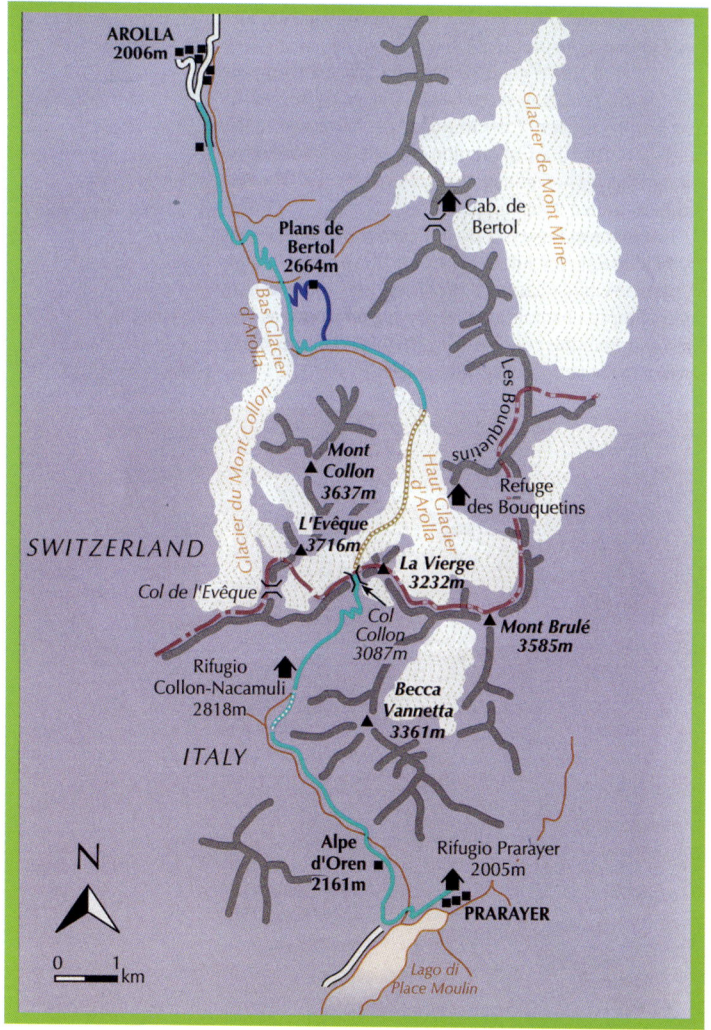

 고개 너머 이탈리아 쪽 2818미터 지점에 위치한 콜롱-나카무리 산장은 시간 여유만 있다면 하룻밤 묵을 만한 곳이다. 그렇지 않으면 두 시간 더 내려가 아주 맑고 푸른 플라스 물랑 호수 북동 끝자락에 위치한 프라라예르 산장까지 가야 된다. 여름 성수기 점심때는 많은 피서객들로 붐비는 산장이다. 주말이나 공휴일에는 특히 더하지만 늦은 오후부터 조용해져 아주 편한 휴식처가 된다.
 댐이 건설되기 전에 프라라예르는 곡식을 경작하고 가축을 기르는 아주 번창한 마을이었다. 기후가 따뜻했던 중세 시대에는 빙하가 물러갔던 콜롱 고개로 많은 이들이 넘나들었다. 두 나라 사이의 국경이 다시 개방되기 시작한 1970년대까지 이 고개로 밀반출이 성행했다고 한다.

아롤라에서 계곡을 따라 본격적으로
오르막에 접어들고 있다

두 시간 정도 걸으면 베르톨 산장과 콜롱 고개로 오르는
갈림길이 나타난다. 풀 한 포기 없는 모레인 지대이다.

아롤라 빙하 하단의 모레인 지대

아롤라 빙하 하단 좌측에서 비스듬히 상단 오른편 대각선으로 횡단한다. 완만한 경사의 빙하표면에 이렇게 나무로 세워놓은 이정표가 있다. 빙하를 건너면 가파른 모레인 지대가 나타나는데, 콜롱 고개까지 더 이상 이정표가 없으니 주의해서 길을 찾아야 한다.

콜롱 고갯마루. 캠핑할 공간이 있지만 3000미터 이상이라 한여름에도 충분한 보온장비를 갖춰야 한다. 작고 깨끗한 알파인 호수가 있다.

콜롱 고개에서 콜롱-나카무리 산장까지 한 시간이면 충분한데,
너덜지대와 눈밭을 지나야 한다.

국경을 넘었기에 콜롱-나카무리 산장으로 오르는 이탈리아 트레커들을 만났다.

Rifugio Collon-Nacamuli tel:0165730047
Rifugio Prarayer tel:0165730040/730922

푸른빛이 진한 플라스 물랑 호수 끝자락에 위치한 프라라예르 산장. 여름철 한낮에는 피서객들도 많이 찾아 붐빈다.

6 구간 프라라예르-브레일 세르비니아

출발지	프라라예르
출발지 교통	발펠리네(Valpelline)까지 버스, 댐옆 길끝까지 택시 가능.
출발지 고도	2005m
도착지	브레일-세르비니아
도착지 교통	아오스타에서 버스, 차량접근 가능.
도착지 고도	2006m
등행 높이	1180m
하행 높이	1060m
거리	14km
시간	약 10시간
최고 지점	발쿠르네라 고개 3066m
숙박	페루카-빌레르모 산장, 브레일-세르비니아.
탈출로	일단 이 구간에 들어서면 되돌아오는 길 외에 없다.

발쿠르네라 고갯길은 마터호른 일주 코스에서 빼놓을 수 없는 대표적인 구간으로서 거칠고 무척 험한 바위구간이 있다. 주변에 유명 알파인 봉우리로 이어지는 길이 없다보니 뚜렷하게 길이 나 있지 않고 트레커들 또한 즐겨찾는 구간이 아니라 황량한 느낌마저 풍긴다. 프라라예르 주변의 울창한 전나무 숲을 빠져나오면 풍경이 확 달라진다. 거친 알파인 지대에 곧장 들어선 셈인데, 한동안 계곡을 따라 올라 가파른 사면을 지그재그로 오르면 도대체 고갯길이 어디로 이어지는지 궁금할 정도다. 간혹 쇠사슬이 나타나 길을 찾았다고 안도할 뿐이다. 고도가 높아질수록 더 거친 풍경이 펼쳐진다. 거대한 돌밭 지대를 지나고 한여름에도 녹지 않은 눈밭을 지나면 고개 아래의 가파른 돌길이 펼쳐져 있다. 자꾸만 무너져내리는 돌길은 한층 힘들뿐 아니라 길도 제대로 나 있지 않다. 하지만 고개에 올라서면 시원한 풍경이 펼쳐진다. 고개 앞뒤인 동쪽과 서쪽에 펼쳐진 파노라마가 압권이다. 동쪽으로 몬테 로자 산군이 보이지만 마터호른은 아직 보이지 않는다.

고개에서 동쪽으로 내려가는 길은 가파르고 미끄러운 믹스지대와 설사면이 펼쳐져 있어 조심해서 내려가야 한다. 고개에서 멀지 않은 곳에 페루카-빌레르모 산장이 있다. 리스캄에서 훈련하다 세락붕괴로 사망한 두 동료를 위해 그 지역 가이드들이 세운 이 산장은 바로 옆에 푸른 호수가 있어 멋지다. 시간 여유가 있으면 이곳서 하룻밤 묵으면 좋다.

여기서 30분 정도 돌길을 걸어내리면 작은 비박산장(마넨티)이 있다. 4명이 누울 수 있게 침상이 구비되어 있다. 바로 위 공터도 캠핑하기 좋다. 그 아래로 계속 돌길이 이어지는데, 여기저기 호수들이 있고 큰 폭포 몇 개를 지켜보며 걷는 재미가 있다. 시원하게 흘러내리는 개울 양쪽으로 각종 야생화들이 피어 있다. 한동안 산허리길을 돌아내리면 알파인 목

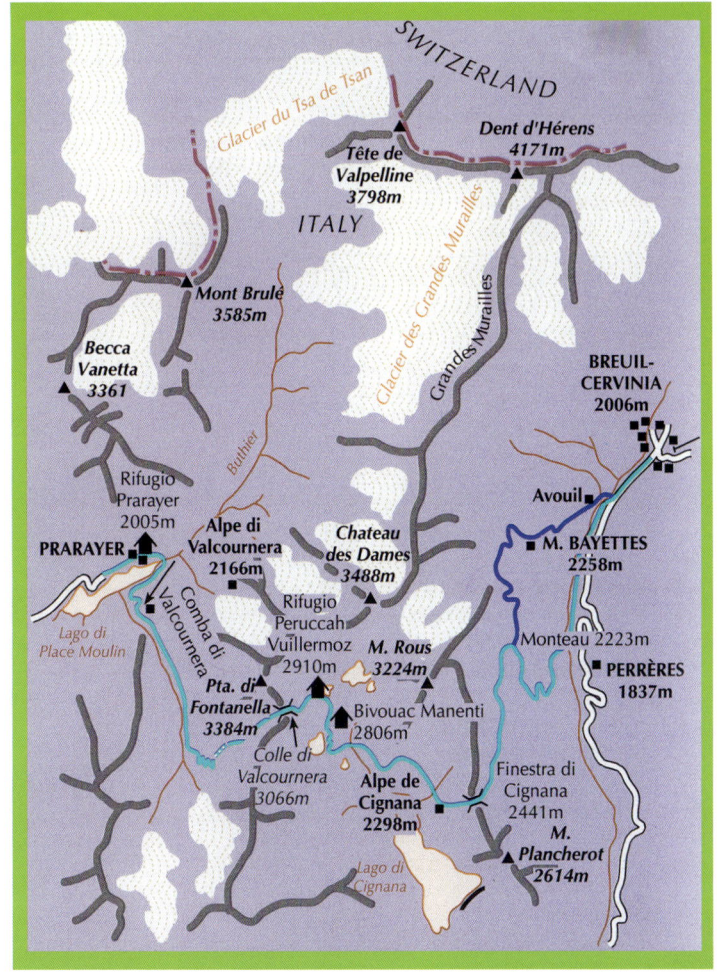

장이 나타나고 30분도 걸리지 않아 오른 고갯마루(Finestra di Cignana 2441m)에서 시야가 트인다. 하지만 여기서도 마터호른은 보이지 않다가 계속되는 산허리길 하나를 돌면 갑자기 마주치는 마터호른의 웅장함에 놀라고 만다. 그 아래 브레일-세르비니아가 눈에 들어온다. 마터호른을 향해 계속 산허리길을 향해 오르는데, 몬토로 내려가 브레일로 갈 수도 있지만 좀더 산길을 따라 오른다. 야생화들이 많으며 8월 중순부터는 블루베리가 지천이다. 계곡 바닥에 내려와 골프장 옆 개울을 따라 오르면 브레일-세르비니아이다. 신구가 공존하는 전형적인 알프스의 산악 휴양지인 이 마을은 교회를 중심으로 발전해 있다. 체르마트에 비해 어수선한 면은 있지만 마을 바로 뒤에 버티고선 마터호른이 있어 하룻밤 묵을 만한 곳이며 모든 편의시설이 구비되어 있다.

프라라예르 산장에서 물랑 호수를 끼고 돌아 30분쯤 시원한 전나무 숲길을 걷는다. 그후 물레방아가 있는 계곡을 건너지 말고 오르막길에 접어들어야 한다. 12번으로 표시된 화살표를 따라 오르면 된다.

야생화가 피어있는 계곡을 한동안 따라 오른다.
등 뒤로 저 멀리 국경인 콜롱 고개가 보인다.

계곡 중간에서 발쿠르네라 고개로 오르기 위해 왼편 사면을 올라야 한다.

alcournera 고개

곳곳에 노랑 화살표가 있어 고개로 오르는 길을 잃을 염려는 없다. 하지만 고개 아래 가파른 돌사면에는 발을 딛기 무섭게 돌이 흘러내릴 정도로 길이 험하다.

조용하고 황량한 분위기에 휩싸여 있는 발쿠르네라 고개 정상

고개에서 30분이면 도착하는 페루카-뷜레르모 산장.　Rifugio Perucca-Vuillermo
여유가 있다면 이곳서 하룻밤 묵을만 하다.　　　　　　　　　　tel:3384264705

다시 30분쯤 돌길을 걸어내리면 마넨티 비박산장이 있다. 4명이 묵을 수 있게 2층 침상이 둘 놓여 있다. 산장 바로 위에 캠프지가 있다.

하산길에는 몇몇 호수들을 지켜보며 걷는다.
시그나나 호수가 발 아래에 있다.

물이 풍부한 이 구간은 큰 폭포가 있으며 야생화들이 많이 피어 있다.

피네스트라 디 시그나나에서. 아직 마터호른이 보이지 않는데,
산허리길을 돌아서면 바로 보인다.

브레일-세르비니아. 로마시대부터 사람들이 거주한 기록이
있는 이 마을은 교회를 중심으로 발전해 있다.

마터호른 남면을 보며 산허리를 돌아오르면 브레일-세르비니아에 닿는다.

7 구간 브레일 세르비니아-체르마트

출발지	브레일-세르비니아
출발지 교통	아오스타에서 버스, 차량 접근 가능.
출발지 고도	2006m
도착지	체르마트
도착지 교통	비스프에서 열차, 태쉬까지 열차 및 차량.
도착지 고도	1600m
등행 높이	1300m
하행 높이	1720m
거리	19km
시간	약 10시간
최고 지점	테오둘 고개 3301m
숙박	브레일-세르비니아와 체르마트의 다양한 숙박업소들, 테오둘휘테, 강데그 산장 등.
탈출로	차량으로 체르마트로 돌아오기에는 너무 멀기에 케이블카를 타고 플라토 로자까지 올라 클라인 마터호른 전망대로 걸어 오르거나 트로크너스텍역까지 걸어내려야 한다.

마터호른 일주의 마지막 구간에서 다시 한 번 알파인 초원에서 벗어나 눈과 빙하, 빙벽과 크레바스가 있는 고산의 세계에 들어서야 한다. 옛사람들은 험하고 알려지지 않은 만년설 지대에 오르기 위해 두려움을 극복해야 했다. 하지만 오늘날 스키 리프트와 슬로프를 닦는 불도저가 그런 고산에 대한 두려움을 사라지게 했다. 겨울이면 체르마트나 세르비니아에서 출발한 스키어들이 국경을 넘어 점심을 먹은 후, 멋지게 스킹을 즐기면서 다시 자신들의 숙소로 넘어 내려간다.

여름에는 조금 다른데, 테오둘 고개(3301m)까지 걸어오르거나 플라토 로자(3479m)까지 리프트를 타야 한다. 테오둘 고개까지 걸어오르는 길은 다소 실망스러울 수 있다. 스키 리프트나 슬로프를 줄곧 끼고 올라야 하기 때문이다. 하지만 체르마트 쪽에서와는 또 다른 마터호른의 모습이 보상해준다. 3000m 조금 넘는 지점에 세워진 예배당은 만년설 지대로 향하던 옛사람들의 기도처로 세월의 무상함이 느껴진다. 스키 리프트 역 한쪽에 방치되다시피 남아 있는 이 예배당 내부에는 스키 슬로프 용품들만 보관되어 있었다.

한편 테오둘 고개에서 얼마 떨어지지 않은 곳에 산장 두 개가 있다. 여기서 머물며 브라이트호른 등정을 시도할 수도 있으며 산장에서 머무는 자체만으로도 고산의 정취를 충분히 느낄 수 있다. 고개에서 체르마트 쪽으로 하산하려면 오전이 좋다. 한낮에는 태양열에 설사면이 녹아 어떤 구간은 발목 이상 눈에 젖을 수 있다. 빙하 표면이 얼음처럼 단단하고 미

끄러울 수 있으니 이에 대비해 아이젠이나 신발 등을 준비하는 것이 좋다. 스키 슬로프를 따라 트로크너스텍까지 내려가는 길은 두 시간 이상 걸리지 않는다. 간혹 시즌 후반에는 크레바스 등 위험요소가 있기에 서로 자일을 묶거나 주의할 필요가 있다. 하산중 보이는 4000미터 봉우리들의 파노라마는 다른 곳에서는 볼 수 없는 장면이다. 서쪽 마터호른에서부터 동쪽 몬테 로자와 브라이트호른까지 이 지역의 거의 모든 봉우리들이 시야에 들어온다.

트로크너스텍에서 리프트를 탈 수도 있고 계속해서 걸어내릴 수도 있다. 리프트를 타더라도 푸리에서는 내려 체르마트까지 걸어보자. 숲과 알파인 풀밭 곳곳에 세워진 이 지역의 전통가옥들을 둘러보는 맛이 있다. 몇몇 곳은 레스토랑으로 바뀌어 있기도 하지만 통나무로 지어진 샬레들은 여전히 주민들이 거주하며 잘 보존되어 있다.

브레일-세르비니아

세르비니아에서 플랑 메종 오르는 길

리프트 아래를 요가며
오르는 길 양쪽에는 야
생화들이 많다.

플랑 메종 위 알파인 초원에서.
마터호른이 구름에 살짝 가려 있다.

아침 햇살에 더욱 솟아 보이는 마터호른

아침 햇살에 빛나는 마터호른 동남면을 배경으로 걷는 트레커의 발길은 가볍기만 하다.

테오둘 고개 아래 3000미터 고지에 있는 본타디니 예배당

테오둘 고개 아래 3000미터 이상부터
본격적인 눈밭이 시작된다.

Theodulhutte tel:0166949400 / mobile:3383267009

테오둘 고개 정상.
테오둘휘테가 보인다.

한낮에는 눈녹은 물이 급류를
이뤄 위험할 수 있다.

체르마트에 들어서기 전에 푸리 아래 전통 가옥들을 둘러보는 재미도 빼놓을 수 없다.

체르마트 계곡 상단

관광화된 체르마트에도 농사를 짓는 이들이 있다.

쥐가 못 올라가게 넓은 돌을 받친 통나무집 뒤로 마터호른이 보인다.

교회를 중심으로 발전한 체르마트 거리.

교회에서도 마터호른이 보인다.

마터호른

테오둘 고개

고르너그라트에서 본 테오둘 고개와
마터호른의 이른 아침 풍경

고르너그라트에서 본 마터호른 쪽 풍경.
마터호른 일주는 왼편 아래의 체르마트에서
시계 반대방향으로 멀리 돌아 테오둘 고개를
넘어왔다.

마터호른(Matterhorn, 4478m)

몽블랑 초등에 상금을 걸었던 베니딕트 드 소쉬르는 1789년에 마터호른의 높이도 처음으로 측량했다. 그가 계산한 마터호른의 높이 4502미터는 놀랄만큼 정확했다. 마터호른 정상에는 두 개의 정점이 있는데, 스위스쪽 지점은 4477.5미터이며 이탈리아쪽 지점은 4476.4미터이다.

마터호른이라는 이름은 체르마트 위로 이어지는 계곡의 이름에서 유래되었다. 체르마트가 '초원을 향하여' 라는 뜻이 있기에 마터호른은 그렇게 이름이 붙은 셈이다. 오래 전, 게르만에서는 '수사슴 마운틴' 이라는 의미의 히르스베르그로 알려졌다. 이탈리아인들은 마터호른을 몬테 세르비노로, 프랑스인들은 세르벵으로 불렀다. 이러한 이름들은 수사슴을 뜻하는 'cerf' 라는 단어에서 유래한 것으로 추정된다. 이탈리아와 프랑스식 이름이 로마식 이름에서 유래되었다는 주장도 있다. 테오둘 고개를 몽 실비우스라고 하는 경우가 있는데, 이것이 마터호른을 언급한 것으로 여겨진다. 테오둘 고개는 로마시대에 실비우스로 알려졌기 때문이다.

마터호른 초등반 이야기

 체르마트 계곡을 군림하며 당당히 솟아 있는 마터호른은 초창기 그 지역민들에게 얼마나 큰 영향을 미쳤을지 생각하면 흥미롭다. 그들은 정상 등정이 과연 이뤄지기나 할까, 피라미드 형상의 신성한 산에 악마가 있지는 않을까, 라는 생각을 떨쳐버리지 못했을 것이다.
 19세기 중엽이 되자 마터호른 초등은 금광을 찾는 것 이상으로 많은 이들의 관심사였다. 이때가 알프스의 주요 봉우리들 대부분이 초등된 알피니즘의 황금시대였다. 그렇지만 마터호른은 오랫동안 난공불락의 요새였다. 처음으로 마터호른 등반을 시도한 것은 1854년이었는데, 이탈리아 브레일 출신의 장 안트완느 카렐과 친구들 넷이었다. 그들은 3800m 이상 오르지는 못했다. 그후 1860년 영국의 존 틴달이 가이드와 함께 4000m에 육박하는 고도를 올랐으나 역시 정상에 오르지는 못했다. 그 무렵 체르마트 출신의 산악인들도 활발한 등산활동을 하기 시작해 1861년에는 마터호른을 등정하려는 경쟁이 최고조에 이르렀다.
 런던의 한 출판사의 의뢰로 젊은 에드워드 윔퍼는 알프스 스케치 여행을 하게 된다. 마터호른을 처음 본 그는 그 웅장한 모습에 매료되어 마터호른을 오르고자 결심을 한다.
 그 동안 몽블랑 산군과 발레 알프스에서 탁월한 등산과 모험을 감행한 에드워드 윔퍼는 1865년에 마침내 체르마트에 왔다. 그리고 그는 당시 최고의 가이드 장 안트완느 카렐과 함께 마터호른 등반계획을 세웠다. 그런데 카렐이 조국 이탈리아의 영광을 위해 이미 전력을 다하고 있다는 사실을 7월 11일에 알게 된 윔퍼는 실망하여 체르마트의 가이드 타우그발더를 채용했다. 카렐보다는 못했지만 그 역시 훌륭한 가이드였다. 7월 13일 허드슨, 더글라스, 해도우와 윔퍼 네 사람은 크로와 타우그발더 부자 등 3명의 가이드를 대동하고 마터호른을 향해 출발했다. 도중에 지금의 훼른리 산장쯤 되는 곳에서 비박을 하고 다음날 특별한 어려움 없이 최초로 마터호른의 정상에 섰다.
 그러나 승리의 기쁨도 한순간, 마터호른의 용마루를 넘어 하강길에 들어섰을 때 공포의 대참사가 일어났다. 등산 경험이 없는 해도우가 미끄러지면서 크로를 내리쳤다. 그리고 더글라스와 허드슨도 함께 추락하고 말았다. 순간적으로 타우그발더가 있는 힘을 다해 제동을 걸었으나 로프는 끊어지고 네 사람은 영영 심연 속으로 추락하고 말았다.
 겁에 질린 윔퍼는 타우그발더 부자와 함께 허둥지둥 체르마트로 돌아왔다. 마터호른에서의 최초의 비극이 초등정과 함께 벌어진 것이다. 경쟁자였던 카렐은 사흘 후에 이탈리아쪽 브레일에서 출발, 마터호른의 이탈리아쪽 정상에 섰다.
 앞서 밝혔지만 나는 유독 마터호른과는 인연이 적어 정상에는 단 한번 올랐다. 노멀 루트인 회른리 리지로 올랐다. 앞으로 기회가 된다면 서쪽에서 오르는 츠므트 리지나 남쪽 이태리쪽 리지로 오르고 싶다. 아울러 북벽으로도.

이른 아침, 마터호른의 회른리 리지를 오르는 알피니스트 뒤로 저 멀리 몬테로자와 브라이트호른이 보인다.

회른리 리지를 오르는 알피니스트 뒤로 테오둘 고개 쪽과 브라이트 호른 등이 보인다.

마터호른 등반의 최적기는 여름철이며 가장 쉬운 루트는 회른리 리지이다. 날씨 상황이나 설상 조건 등에 따라 등반의 어려움이 달라진다. 체르마트 위로 운해가 펼쳐져 있으며 돔과 나델호른 등 4000미터 봉우리들이 솟아 있다.

눈덮인 회른리 리지를 오르는 러시아 산악인들. 마터호른은 세계 각지의 알피니스트들이 찾는 유명한 봉우리이다.

나의 마터호른 일주

샤모니-체르마트 오트 루트 트레킹을 하면서 마터호른 일주 트레커들을 만나곤 했었다. 그들에게 들은 마터호른 일주 이야기가 내 흥미를 자극했다. 체르마트 쪽에서 보는 마터호른의 모습은 우리에게 익숙하다. 다양한 마터호른의 모습을 지켜보며 걷고 싶었다. 1년이란 기다림 후에 기회가 왔다.

8월 중순이었다. 지난해 오트 루트를 함께 한 아내 외에도 남동건 선배가 함께 했다. 파리에 거주하는 남 선배는 출발 전날 샤모니에 와 장비점검을 하며 여름휴가를 알프스에서 보내는 기대에 들떠있었다. 그는 이번 마터호른 일주 트레킹을 위해 텐트까지 새로 장만했다. 이른 아침 찬 공기를 마시며 남 선배의 승용차를 타고 우리는 샤모니를 떠났다. 마침 그날이 샤모니 가이드 축제일이라 엔사 앞 로터리를 도는데, 축제행렬에 조르주 파이오 할배가 가이드들과 함께 가이드 제복차림을 하고 걷고 있었다. 우리 모두 그에게 인사를 건네고 스위스 국경을 넘었다. 마티니 계곡이 내려다보이는 포르크라 고개에서 커피 한 잔을 마시며 곧 있을 일주 트레킹을 위한 마음의 준비를 다졌다.

한 시간 후, 론 계곡 중앙에 위치한 시옹 역에 승용차를 주차시킨 우리는 곧장 아롤라(Arolla 2006m)행 버스에 올랐다. 마침 그날이 성모 승천일이라 버스가 하루에 몇 대 다니지 않아, 우리는 도중에 버스를 한 번 갈아타고 오후 2시가 넘어서야 아롤라에 도착했다. 1년 만에 와 보는 스위스의 자그마한 산골 아롤라는 휴가철임에도 불구하고 한산했다. 배낭끈을 단단히 조인 우리는 남쪽으로 발길을 옮겼다. 아롤라 빙하 계곡을 거슬러 오르는 스위스와 이탈리아의 국경 콜롱 고개(Col Collon 3087m)가 첫날 목적지였다. 마을 외곽 전나무 숲길이 조금 이어지나 싶더니 이내

아롤라에서 출발해 두 시간쯤 빙하 아래에 이르고 있다. 나무로 이정표를 세워두었다.

땡볕이 내리쬐는 길이 이어졌다. 첫날이라 배낭무게가 만만치 않았다. 그래도 대여섯 시간은 못 걷겠냐는 심정으로 열심히 발걸음을 옮겼다. 지난해 오트 루트 산행 때도 첫날이 가장 힘들어 각오는 했지만 30kg에 이르는 배낭이 자꾸만 어깨를 짓눌렀다. 두 시간 후 모레인 지대가 나타나자 발걸음은 더 무거워졌다. 아롤라 빙하 상단 어귀에 이르니 태양은 몽 콜롱(Mont Collon 3637m)에 가려졌으며 우리는 빙하 하단 좌측으로 접어들어 대각선 위로 가로질렀다. 한두 세기 전까지만 해도 이 길을 따라 두 나라의 목동들이 양떼를 몰고 넘나들었다고 한다.

도중에 길이 애매했지만 나무막대 세 개로 세워놓은 이정표를 따르니 먼저 오른 이들의 흔적이 보였다. 완만하고 드넓게 흘러내리는 아롤라 빙하를 가로지르자 가파른 모레인 지대가 나타났다. 이후 길은 좀체 보이지 않았다. 짓누르는 배낭 무게를 견디며 희미하게 나 있는 길의 흔적을 찾다보니 뒤따르던 남 선배가 보이지 않았다. 나는 국경고개에 올라 우선 텐트를 쳐놓고 남 선배에게 내려가 보기로 했다. 한 시간은 더 올라 얼음사면을 가로질러 마침내 국경고개에 오르니 저녁 7시가 다 되었다. 급히 텐트를 치고 남 선배에게 내려가 보니 우리가 올랐던 길과는 다른 길로 올라 쉬고 있었다. 남 선배는 그 자리에서 비박을 준비하고 있었다. 한동안 산행을 하지 못해 다리에 쥐가 나 마터호른 일주는 포기하고 며칠 후 월요일에 체르마트에서 만나자고 했다. 몇 번이나 같이 가자고 권했지만 형은 우리의 일정에 방해를 줄 것 같다며 극구 사양해, 아쉬웠지만 그 의견을 따를 수밖에 없었다.

국경 고갯마루에 돌아와 저녁을 먹고 잠자리를 마련하니 이내 날이 어두워졌다. 30kg 이상 짐을 지고 여섯 시간동안 고도 1000미터를 올라 나 또한 다리에 쥐가 날 정도로 힘든 하루였다. 다음날 아침은 전날 밤과는 달리 구름 한 점 없었다. 고갯마루 남쪽 아래에 위치한 호수에서 물을 떠 아침을 먹은 우리는 아침 7시 조금 넘어 해뜨기 전에 길을 떠났다. 이제부터 이탈리아 땅이었다. 3000미터 고지의 호수는 얼어 있었다. 아래쪽 가장자리에 이르자 두 명의 알피니스트가 나타났다. 한 시간 거리의 콜롱-나카무리 산장(Rifugio Collon-Nacamuli 2818m)에서 출발한 이들이었다. 그들은 몽 콜롱에 오를 예정이라 했다. 길은 너덜사면을 따르다 몇 번 설사면을 가로지르며 남쪽 아래로 이어졌다. 얼마 후 우리는 그늘에 잠겨 있는 산장에 닿았다. 바위언덕에 지은 산장에는 인기척이라곤 없었다.

산장에서 한 시간 더 가파른 돌길을 내리자 햇살을 쬘 수 있었다. 뿌연 급류 물을 떠 커피를 끓여 마시면서 텐트를 말렸다. 몇몇 이들이 산장으로 오르면서 우리에게 웃음 띤 얼굴로 인사를 건넸다. 반 시간 후 짐을 꾸린 우리

콜롱 고개에서

콜롱 고개에서 내려와 콜롱-나카무리 산장 아래로 하산하고 있다.

는 계속 남쪽으로 발길을 돌려 계곡을 내려갔다. 도중에 목장을 하나 지나 1000미터 고도를 내려 호수에 내려서니 두 시간이 지나 정오가 가까웠다. 호수 위쪽 끄트머리에 위치한 프라라예르 산장(Rifugio Prarayer 2005m)에는 많은 피서객들로 붐볐다. 점심을 간단히 먹고 우리는 다시 출발했다. 작은 다리 하나를 건너 호수를 끼고 돌았다.
 시원한 전나무 숲길이 20분 이어진 후 본격적인 오르막이 시작되었다.

프라라예르 산장 한 시간 전.
야생화들이 피어 있는 계곡.

8월 중순인데도 발쿠르네라 계곡에 눈이 있다.

저 멀리 콜롱 고개가 보인다.

발쿠르네라 고개로 오르는 길은 위로 갈수록 돌길이 심하고 희미하다.

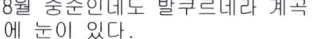

발쿠르네라 고개에 올라서고 있다.

30분도 오르지 않아 숲길을 벗어나니 온몸에서 힘이 빠진다. 다시 고도를 1000미터 올라야 되기에 마음을 다잡는다. 도중에 너무 지쳐 물가에 자리를 펴고 누워 커피 한 잔을 끓여 마시고 나니 한결 낫다.
한동안 알파인 야생화들이 피어 있는 개울가 꽃밭을 따라 오르다가 길은 왼편의 가파른 사면으로 이어진다. 길을 제대로 잡았는지 의심이 가지만 누구 하나 지나는 이들은 없었다. 고도를 차츰 높일수록 삭막한 너덜바위지대만 펼쳐져 마터호른 일주가 몽블랑 일주에 비해 어렵다는 사실을 실감할 수 있었다. 발쿠르네라 고개(Colle di Valcournera 3066m)에 이르는 마지막 사면은 길도 제대로 나 있지 않았으며 한발을 뗄 때마다 작은 돌들이 흘러내려 힘이 배나 들었다. 하늘은 잔뜩 흐려 비가 내릴 것만 같았지만 따가운 햇살은 피할 수 있었다. 프라라예르 산장에서 3시간 만

발쿠르네라 고개에서. 호수 옆에 페루카-뷜레르모 산장이 있다.

마넨티 비박산장.
옆에 멋진 캠프지와 호수가 있다.

에 발쿠르네라 고개에 올라선다. 이미 오후 6시가 다 되었다. 고개에선 페루카 빌레르모 산장(Rifugio Peruccah Vuillermoz 2910m)이 바로 내려다보였다. 고정로프를 잡고 몇 십 미터 내려와 긴 설사면을 타고 미끄러져 내렸다. 곧 산장이 나타났으며 우리는 잠자리를 그 아래 30분 거리에 위치한 마넨티 비박산장(Bivouac Manenti 2806m)으로 정했다. 산양 한 마리가 풀을 뜯고 있는 비박산장에 도착하니 저녁 7시가 넘었다. 12시간 이상 걸었던 힘든 하루였다.

 2층 침상이 두 개 있는 마넨티 비박산장이 답답해 바로 옆 공터에 텐트를 쳤다. 3일째 아침은 화창하게 개었다. 전날의 피곤함을 잊을 만큼, 처음 보는 이탈리아 산골의 풍경은 기분을 들뜨게 했다. 시그나나 목장(Alpe de Cignana 2298m)쪽으로 이어지는 길은 환상적이라고밖에 표

시그나나 고개를 넘어 모퉁이 하나를 돌자 마침내 마터호른이 보였다.

현할 수 없었다. 여기저기에서 폭포를 이루며 떨어지는 물줄기들 외에도 온갖 야생화들이 지천이었다. 물 반 꽃 반이었다. 시그나나 호수를 내려다보며 산허리를 돌고 돌아 한 시간 반 만에 목장에 이른다. 한가롭게 풀을 뜯고 있는 소들을 보며 개울 옆에 자리를 펴고 커피 한 잔을 끓여 마신다. 다시 짐을 꾸려 30분 언덕을 오르니 시그나나 고개(Finestra di Cignana 2441m)다. 30분 이상 완만한 산허리 길을 돌아내리니 마침내 마터호른이 모습을 드러냈다. 스위스의 체르마트 쪽에서 볼 때와는 다른 웅장함을 과시하고 있었다.

길은 계속해서 산허리 길을 따라 브레일-세르비니아(Breuil-Cervinia 2006m)로 향해 있었다. 고도를 차츰 낮추자 길 양옆에 펼쳐진 야생 블루베리가 발걸음을 멈추게 했다. 며칠간 과일을 먹지 못해 입맛이 당겼지만 갈 길이 멀었다. 이윽고 계곡 아래에 닿아 시원한 개울가에서 족욕으로 피로도 풀며 점심을 먹었다. 잠시 후 도착한 브레일-세르비니아는 많은 피서객들로 거리가 붐볐다. 5년 전에 남쪽에서 마터호른을 오르기 위해 와 본 이후 처음이다. 그때는 날씨가 나빠 마터호른을 오르지 못했다. 고급 휴양지의 면모를 갖춘 거리를 둘러보고 맥주 한잔을 마신 후 마을을 빠져 나왔다. 길은 플랑 메종(Plan Maison 2457m)행 곤돌라 아래로 이어져 있었다. 늦여름 꽃들이 알파인 풀밭 여기저기에 피어 있었다. 한 시간 반만에 오른 플랑 메종의 휴게소는 마지막 케이블카 시간에 맞춰 문 닫을 준비를 하고 있었다. 오후 5시가 다 되어 우리는 저녁을 일찍 먹기로 하고 치즈와 햄이 든 샌드위치와 맥주를 시켰다. 체르마트나 샤모니보다는 덜 관광화가 되어 그런지 물가가 쌌다.

아직 한 시간은 더 올라가야 해서 입맛만 다신 맥주잔을 뒤로 하고 마터호른을 좌측에 두며 걸었다. 겨울에 스키 슬로프로 이용하는 산판도로를 따라 가면 체르마트로 넘어가는 테오둘 고개(Theodulpass 3301m)에 닿는다. 고개까지는 거리가 멀어 도중에 길에서 벗어난 계곡 옆 풀밭에 하룻밤 잠자리를 정했다. 밤중에 잠시 빗방울이 떨어지더니 4일째 아침은 개었다. 아침 햇살을 받은 마터호른은 한층 더 위엄있는 모습이었다. 일찍 떠나야 체르마트에 도착할 수 있기 때문에 피곤한 몸을 재촉했다. 한 시간 이상 산판도로를 따라 오르니 작은 성당(Capelle Bontadini

이른아침 햇살을 받은 마터호른을 향해 힘차게 오르고 있다.

3044m)이 있었다. 테오둘 고개를 넘는 이들의 안녕을 기원하기 위해 세운 성소이다. 예전에는 위험을 감수하면서 넘던 이 고개를 요즘은 케이블카를 이용해 쉽게 넘나든다. 위험이 줄어든 만큼 성당은 어수선하게 방치되어 있었다.

뒤따라 오르던 아내가 웃으며 동전 하나를 내밀었다. 땅만 보며 오르막을 오르다 주웠다고. 오래 전에 어떤 상인이 이 고개를 넘다 금화 한 자루와 함께 크레바스에 빠진 사건이 있다고 책에서 읽었는데, 혹 그게 아닐까 하며 유심히 살폈지만 1950년대에 주조된 이탈리아의 리라였다. 수십 년간 빙하에 씻기고 닳아 동전이 아주 얇고 가벼웠다. 이후 길에는 눈밭이 펼쳐져 있었다. 다시 한 시간은 더 걸어 테오둘 고개에 올라선다. 마터호른 일주 코스 중에서 가장 높은 고갯마루이다. 바람이 몹시 불었다. 국경을 급히 넘다보니 테오둘 산장(Theodulhutte 3317m)에 가볼 여유도 없이 체르마트(Zermatt 1600m)쪽 사면으로 내려온다. 바람이 덜한 설사면에 난 스키 슬로프를 따라 걸어내려 트로크너스텍(Trocknersteg 2939m)을 거쳐 체르마트로 하산하니 오후 서너 시였다. 체르마트의 화려한 거리를 지나 남동건 선배와 만나기로 약속한 캠핑장에 여장을 풀었다. 반가운 재회를 기대했건만

테오둘 고개에서 빙하 위를 내려간다. 오전 10시도 되지 않았는데, 빙하 녹은 물이 질펀하게 흘러내렸다.

이른 아침. 바이스호른을 배경으로
유로파벡 구간을 걷고 있다.

 나중에 알고 보니 서로 날짜 계산을 잘못해 길이 엇갈렸다. 5일째 아침은 잔뜩 흐렸다. 체르마트에 하루 더 머물며 남 선배를 기다릴까 싶었지만 아직 가야 할 길이 너무 멀어 떠나기로 했다. 마터호른 일주 트레킹에서 빼놓을 수 없는 유로파벡 산허리길이 남아 있었다.
 투프터렌(Tufteren 2215m)에 이르는 길은 전나무 숲길이었다. 상쾌한 공기를 들이켜며 한 시간 반 이상 오르막 숲길을 걸어 오르니 투프터렌이었다. 마침 세 명의 여성이 이정표를 보고 있었다. 그들은 우리가 며칠 후부터 시작할 몬테 로자 일주를 마치고 산책 나왔다고 한다. 10일 걸렸다며 우리가 진 큰 배낭을 보더니 엄지손가락을 치켜세운다. 2200미터까지 고도를 높였기에 이제부터 길은 완만한 산허리 길을 돌고 돌았다. 하지만 유로파벡 산장(Europaweghutte)이 위치한 오타반(Ottavan 2214m)까지 가는 길은 처음과 달리 점점 험해지더니 오후 들어 유로파 산장 어귀에 이르자 절정을 이뤘다. 설상가상으로 비마저 내렸으며 수십 미터 높이에 있는, 계곡을 가로지르는 다리가 낙석에 파손되어 한참을 돌아 내려 길도 없는 거대한 돌사태 지대를 헤치며 오르느라 서너 시간 더 소비하고 말았다. 이상하게도 이 지역에서 아날로그 손목시계가 멈췄다. 유로파 산장(Europahutte 2200m)에 겨우 도착해 시간을 물으니 저녁 7시가 넘었으며 산장에서 1km 떨어진 야영지에 이르자 날이 어두워졌다. 힘든 하루였다.
 밤새 비바람이 몰아치더니 6일째 아침은 화창했다. 계곡 건너편에 펼쳐진 설산들이 아침 햇살에 빛났다. 바로 지척인 바이스호른을 뒤로 하고 산허리를 돌고 돌아 오른다. 지도에는 그저 완만하게 표시된 길이

> 그라헨으로 하산하기 전, 풀밭에서 쉬고 있는 프랑스 트레커들과 작별을 고했다. 그들은 마터호른 일주를 위해 우리가 출발한 아롤라까지 간다고 했다.

지만 2700미터까지 고도를 높여야 했다. 힘들고 아찔한 낭떠러지 옆으로 난 험한 구간이었다. 지난해 샤모니-체르마트 오트루트를 걸으며 이 구간을 빼먹었는데, 이제야 마무리하게 되었다. 이후 길은 그라헨(Grachen 1619m)까지 계속해서 내리막이었다. 생 니클라우스(St Niklaus 1100m)가 지척인 그라헨에서 우리는 마터호른 일주 트레킹을 마치기로 했다. 생 니클라우스에서 출발지인 아롤라까지는 이삼일 거리인데, 지난해에 걸었기 때문이다. 바위지대를 벗어난 그라헨에서 시계바늘이 다시 움직이기 시작했다. 시계조차 멈춘 길고 힘든 여정이었다.

> 유로파벡 구간에서 멈췄던 시계를 다시 찬 벗이 바이스미스를 배경으로 쉬고 있다.

체르마트 위 푸리 마을의
전통가옥들

Tour of Monte Rosa
3-몬테 로자 일주

유로파벡 구간에서 바이스호른을 배경으로

몬테 로자 일주
(Tour of Monte Rosa)

바이스미스 정상에서 본 몬테 로자

 알프스 2위봉 몬테 로자를 아는 국내 산악인은 많지 않을 것이며, 더구나 몬테 로자에 오른 이들은 더 드물 것이다. 1990년대 후반에 내가 몬테 로자 산군 최고봉 듀포스피체(4634m)에 오를 때만 해도 그 전에 올랐던 한국산악인은 없었던 것으로 안다. 그만큼 몬테 로자는 알프스 최고봉 몽블랑에 비해 덜 알려져 있다. 몬테 로자를 중심으로 일주 트레킹 코스가 있다는 사실을 알게 된 것도 얼마 되지 않는다.
 몬테 로자가 위치한 체르마트 지역에 1년에 한두 번 갈 때마다 다시 오르고 싶었지만 좀체 기회가 없었다. 그러던 차에 일주 코스가 있다는 사실을 알았다. 코스 중 일부 구간이 마터호른 일주와 겹치기도 하여 마터호른 일주를 마무리하면서 몬테 로자 일주도 함께 하기로 했다. 스위스의 체르마트 지역을 대표하는 두 일주 코스는 테오둘 고개에서 그라헨까지 약 3일 구간이 겹친다. 마터호른 일주 코스와 비슷한, 약 134km 거리에 8~10일 걸리는 몬테 로자 일주 또한 알프스 최고의 트레킹 코스 중 하나이다. 특히 관광화가 덜 된 이탈리아 북부 알프스 산간마을의 소박한 정취를 느낄 수 있는 코스이다.
 몬테 로자 산군은 빼어난 여러 봉우리들의 집합체이다. 그곳은 여러 세대 동안 산악인이나 시인뿐 아니라 작가와 탐험가들에게 영감을 주었다. 주변 모든 계곡을 아우르고 있는 몬테 로자에 대해 15세기 말, 레오나르도 다 빈치는 밀라노 회고록에 '너무 높아 구름을 압도하는 것 같다'고 썼다. 몬테 로자 일주는 단순한 걷기가 아니라 가장 환상적인 알파인 지대 중 하나를 탐험하는 모험여행이다. 그저 걷는 여행으로만 여긴다면 많은 것을 놓칠 수 있다. 모퉁이마다 변하는 풍광과 마주치는 사람들,

루트 개요

위치	스위스의 발레/발리스 이탈리아 아오스타
출발/종착지	체르마트
총 거리	약 134km
소요일	8~10일
최고 고도	3301m
숙박	산장 및 호텔, 캠핑
난이도	어려움

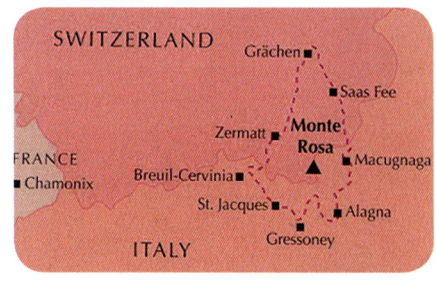

이탈리아와 스위스 산골의 다양한 문화, 이 계곡에서 저 계곡을 따라 달라지는 음식문화와 가옥양식들, 그리고 풍부한 역사와 다양한 동식물들 등. 몬테 로자 일주를 한번에 완주할 시간이나 체력적인 여유가 없더라도 몇몇 구간만 즐기는 것도 아주 좋다.

몬테 로자는 4000미터가 넘는 봉우리 10개를 지닌 서부 알프스에서 가장 큰 산이다. 최고봉 듀포스피체는 알프스에서 두번 째 높은 봉우리이다. 눈덮인 봉우리에 장미빛 노을이 비친다하여 몬테 로자라고 부르는데, 요즘도 도전적인 등반의 여지가 많은 거벽들을 품고 있다. 주변 산자락은 여름과 겨울에 트레커와 스키어들이 즐겨찾지만 정상 등정을 위해선 등산경험뿐 아니라 충분한 고소적응과 체력을 갖춰야 한다. 곳곳에 빙하와 세락, 크레바스가 존재하며 화창한 날씨에서도 정상으로 향하는 길은 눈이 깊어 힘겹다. 갑자기 구름에 휩싸인다거나 눈이라도 내리면 아주 심각한 상황에 처하기 쉽다.

몬테 로자 일주는 정상 등정에 따르는 위험없이 주변 풍경을 즐길 수 있다. 이탈리아에서 스위스로 테오둘 고개의 빙하지대를 조금 넘지만 위험한 산행은 아니다. 그렇지만 트레커들에게는 눈과 얼음의 고산세계를 체험할 수 있는 소중한 기회다. 그런 짧은 구간 외에는 모두 빙하 아래의 산허리와 3000미터 아래의 고개들을 넘는다. 몬테 로자 일주는 계곡 바닥에 위치한 산간마을에서 풀밭을 따라 올라 소들이 풀을 뜯는 여름목장을 지나친다. 그리고 아주 강인한 야생동물만 살아가는 보다 높은 알파인 바위사면을 가로지르고 만년설산에서 뻗어내린 산등성이의 잘룩한 고갯마루를 넘어 사람과 풍경이 완전히 다른 새로운 계곡으로 하산하게 된다.

몬테 로자는 서부 알프스 중 페닌(Pennine) 알프스 산군의 한 부분을 이루면서 스위스의 남측과 이탈리아의 북측을 경계로 국경선을 이루고 있다. 페닌 알프스는 스위스의 발레 지역과 프랑스의 오트-사부아 지방, 그리고 이탈리아의 아오스타 지역에 걸쳐 있다. 프티 생 베르나르 고개와 도라 발티아 계곡을 넘으면 그라이안(Graian) 알프스, 심플롱 고개를 넘으면 리폰티느(Lepontine) 알프스, 론 계곡 건너편은 베르네즈(Bernese) 알프스, 코우 고개와 아를리 계곡 건너편은 프랑스 프리알프스 지역이다. 페닌 알프스는 알프스에서 4000미터 이상 봉우리들을 가장 많이 거느리고 있다. 스위스와 이탈리아 국경은 알파인 분수령을 이루고 있는데, 가장 장대한 봉우리들이 군림하고 있다. 그들의 거대한 빙하들은 인접한 계곡들로 흘러내리는데, 스위스 쪽은 론 계곡으로 흘러내리며 이탈리아 쪽에선 포 계곡으로 흐른다.

페닌 알프스의 거대한 장벽은 아프리카 지각판이 유럽 대륙판에 충돌해 생겨난 대표적인 습곡지대이다. 위로 밀려올라가고 침하하여 오늘날과 같은 장쾌한 산세를 이루고 있다. 알프스 최고봉 몽블랑에 비해 약간은 낮지만 리스캄이나 몬테 로자의 10개 봉우리들, 돔과 바이스호른 외 여러 봉우리들은 적어도 장대함이나 화려함에선 몽블랑과 어깨를 나란히 하고 있다.

몬테 로자 일주는 스위스와 이탈리아 두 나라를 통과한다. 평지와는 떨어져 고립되어 살아가는 각 지역의 산골사람들은 자신들만의 전통문화를 계승 발전시켜왔다. 특히 긴긴 겨울을 나야 하기 때문에 생활은 힘겹고 거칠었다. 일주 트레킹을 하며 지나는 계곡과 마을들을 이어주는 길은 어느 나라 어느 계곡에서든 생존을 위한 통로였다.

지도를 보면 스위스에서 국경만 넘으면 이탈리아의 마쿠나가나 알라냐 마을인데, 차량으로 가려면 아주 먼 길이다. 이탈리아 산골에서는 1000여년 전에 알프스 산간으로 이동한 게르만족의 후예들인 발저 주민들이 거주하는 몇몇 마을들을 지난다. 그들은 특히 알라냐와 마쿠나가 주변의 여러 알파인 지역에 거주하면서 자신들의 문화를 보존하면서 살아가고 있다.

몬테 로자 일주의 스위스 쪽 구간은 발레 주의 자스/마터 계곡 상단을 지난다. 2000년대에 완성되어 그다지 오래되지 않은 트레킹 코스인 유로파벡 구간은 자스페에서 체르마트까지 이어지는, 세상에서 가장 긴 발코니 코스라고 해도 과언이 아닐 것이다. 이 구간의 경치는 아주 멋있지만 계곡 아래에 있는 매력적인 산간마을은 놓치게 되어 아쉽다. 하지만 체르마트와 자스페 사이에 있는 그라헨은 독일어권 문화의 삶을 잘 보존하고 있는 마을이다.

몬테 로자(좌)와 리스캄(우)

 몬테 로자 일주는 마터호른 일주와 난이도가 비슷해서 상당한 체력이 필요하며 몇몇 구간에서는 길 찾기가 어려워 독도법에 익숙해야 한다. 대부분의 트레커들은 산장을 이용하는데, 숙박 및 저녁과 아침식사가 포함된 이용료는 1일 약 45유로다. 인원이 많을 경우에는 예약 후 찾는 게 바람직하다. 도중에 만나는 산장에서 점심도 가능하며 이삼일 거리마다 만나는 산간마을에서 식료품을 구할 수 있다. 스위스 산골에서도 유로(EUR) 통화가 가능하지만 환율을 불리하게 적용하고 거스름돈을 스위스 프랑(CHF)으로 돌려주기에 이탈리아에서 사용할 유로뿐 아니라 스위스 프랑을 환전해가는 편이 좋다. 출발지는 교통이 편리한 체르마트에서 출발해 끝내는 편이 좋을 것 같고 이 코스는 시계방향으로 돌면 마지막에 높은 고개를 넘을 수 있어 수월하다.

1 구간   체르마트-그라헨

출발지	체르마트
출발지 교통	비스프에서 열차, 태쉬까지 버스나 자동차를 이용한 후 체르마트까지 열차.
출발지 고도	1600m
도착지	그라헨
도착지 교통	생 니클라우스에서 버스 운행
도착지 고도	1619m
등행 높이	약 1200m
하행 높이	약 1300m
거리	31km
시간	14시간 이상. 체르마트-유로파휘테 : 8시간. 유로파휘테-그라헨 : 6시간.
최고 고도	2700m. 갈렌 베르그 지나 그라헨으로 하산하기 전 지점.
편의시설	체르마트에는 대부분의 편의시설이 있으며 테쉬알프에는 식당은 있지만 식료품 가게는 없다. 그라헨에 식료품 가게와 현금자동인출기가 있다.
선택교통편	체르마트-수네가 : 리프트
숙박	체르마트, 태쉬, 란다에 호텔들, 태쉬알프, 유로파벡휘테, 유로파휘테, 그라헨에 호텔들.
기타	비가 많이 내린 후라면 유로파벡 구간은 낙석이나 산사태가 발생할 확률이 높아 사전에 확인하는 게 좋다. 의심스럽다면 계곡길을 이용하는 게 안전하다.
탈출로	유로파벡 구간에는 계곡에 위치한 태쉬, 란다, 헤르브리겐으로 하산하는 여러 길이 있으며 거기서 체르마트나 생 니클라우스로 가는 열차를 이용할 수 있다.

앞서 밝혔듯 체르마트에서 그라헨에 이르는 이 구간은 유로파벡으로서 마터호른 일주와 겹친다. 아래 설명 또한 같다. 다만 마지막 부분 가즌리트에서 생 니클라우스로 내려가지 않고 그라헨으로 30분쯤 멋진 숲속 산책로를 따라 걷는다.

이 구간에는 두 갈래 길이 있다. 유로파벡과 계곡길이다. 유로파벡이 주요 트레킹 루트이며 계곡을 따라 위치한 산간마을 태쉬나 란다를 지나는 계곡길은 날씨가 나쁘거나 길이 끊겼을 때, 시간이 없거나 피곤할 때 이용하면 된다.

유로파벡은 기존에 있던 몇몇 길과 새로 만든 길을 연결해서 만든 상대적으로 새로운 길이다. 체르마트에서 그라헨에 이르는 유로파벡의 전구간은 아주 힘든 트레킹 코스이다. 그라헨에서는 자스페까지 이어진 오래된 산허리길인 호헨벡과 연결된다.

2000미터 이상 지대의 산허리길을 끼고 도는 이 발코니 루트는 빙하를 끼고 있는 알파인 봉우리들을 한눈에 볼 수 있어 풍광이 빼어나다. 특히 바이스호른은 이 구간을 걷는 내내 지켜볼 수 있는데, 우아한 동릉과 눈 덮인 북벽이 시야를 압도한다. 이틀 동안 계곡으로 내려갈 필요없이 모퉁이마다 마주치는 멋진 경치를 즐길 수 있다. 체르마트를 뒤로 하고 걸으면서 차츰 멀어지는 마터호른의 모습을 돌아보는 재미도 있다.

이 구간을 이틀 만에 걸으려면 서둘러야 한다. 체르마트에서 수네가행 리프트를 이용하면 시간을 줄일 수 있다. 큰 고개를 넘지 않는 구간이지만 과소평가해서는 안 된다. 체력적으로 충분한 준비가 되어 있어야만 이런 길고 멋진 루트를 즐길 수 있다.

멋진 산악경관을 품고 있는 루트인 반면 위험한 구간도 몇 군데 있다. 험한 산허리를 도는 길이라 끊임없는 자연의 변화에 맞서기 위해 커다란 금속관으로 통로를 낸 곳도 있다. 이런 구간에서는 낙석이 빈번하기에 통로 안쪽에 바짝 붙어 걷는 게 안전하다. 더구나 다음 구간에 안전하게 도착할 때까지 방심하지 말라고 충고하는 구간도 있다. 내가 갔을 때도 수십 미터 높이의 다리가 낙석으로 파손되어 있었는데, 거대한 자연의 힘에 맞서 끊임없이 길을 정비하지 않으면 몇 년도 되지 않아 사라져 버릴 발코니 트레킹 코스이다. 간혹 낙석지대 상단에서 산양 등이 떨어뜨리는 돌에 맞을 수 있으니 휴식을 취할 때도 낙석으로부터 안전한 장소를 택해야 한다.

이 구간에는 산장이 두 개 있는데, 처음 만나는 유로파벡휘테는 태쉬 알프스에 위치한 산장겸 카페다. 만일 이 유로파벡 구간을 3일간 걸을 예정이라면 아주 좋은 휴식처가 되는 곳이다. 하지만 대부분의 트레커는 이틀 만에 통과할 예정으로 체르마트와 그라헨 중간 지점에 위치한 유로파휘테를 이용한다. 계곡 위로 우뚝 솟은 바위언덕에 있는 이 산장은 나무로 지은 근사한 샬레다.

Europaweghutte   tel:0279672301 ; fax:0279663965
www.europahuette.ch / willischthomas@yahoo.com
Europahutte   tel:0279678278 ; fax:0279676074
fam.brantschen.europahuette@freesurf.ch

변형루트-1일 산행

 만일 이 구간을 하루 만에 가려면 수네가까지 리프트로 올라 란다까지 내리막길을 걸어 생 니클라우스행 기차를 타고 가 버스를 이용해 그라헨에 가거나, 체르마트에서 란다까지 기차로 이동하여 유로파휘테 바로 아래에서 유로파벡 루트에 접어들어 계속해서 길을 따라 그라헨까지 가면 된다. 이 방법은 길고 힘겹지만 멋진 하루산행 코스이다. 유로파벡 코스에 대한 보다 상세한 정보는 웹사이트(www.europaweg.ch)에서 확인할 수 있다. 다리나 길이 끊겼을 수도 있고 눈이 내린 경우도 있으니 미리 확인하고 출발하는 게 좋다.

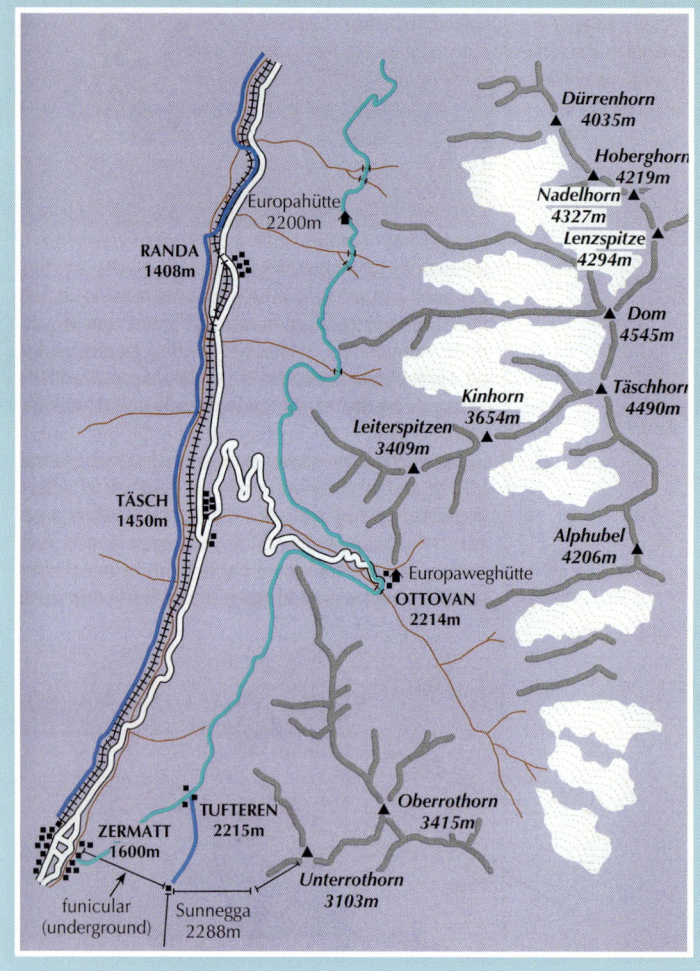

변형루트-산기슭의 계곡길

 날씨가 좋지 않거나 유로파벡이 끊겨 혹은 피곤하여 쉬엄쉬엄 걷고 싶을 때는 계곡길이 좋다. 알파인 봉우리들의 경치는 즐길 수 없겠지만 태쉬와 란다, 헤르브리겐, 생 니클라우스 등 산골마을 사람들의 생활상이나 전통 가옥 등을 볼 수 있다. 란다에서는 1991년에 발생한 거대한 산사태의 흔적이 남아 있다. 가옥과 철도와 도로, 심지어 강물까지 집어삼킨 산사태의 모습은 자연의 힘이 얼마나 대단한지 확인시켜준다. 마지막 부분인 생 니클라우스에서 가즌리트로 올라 그라헨까지 숲길을 따라 걷는다.

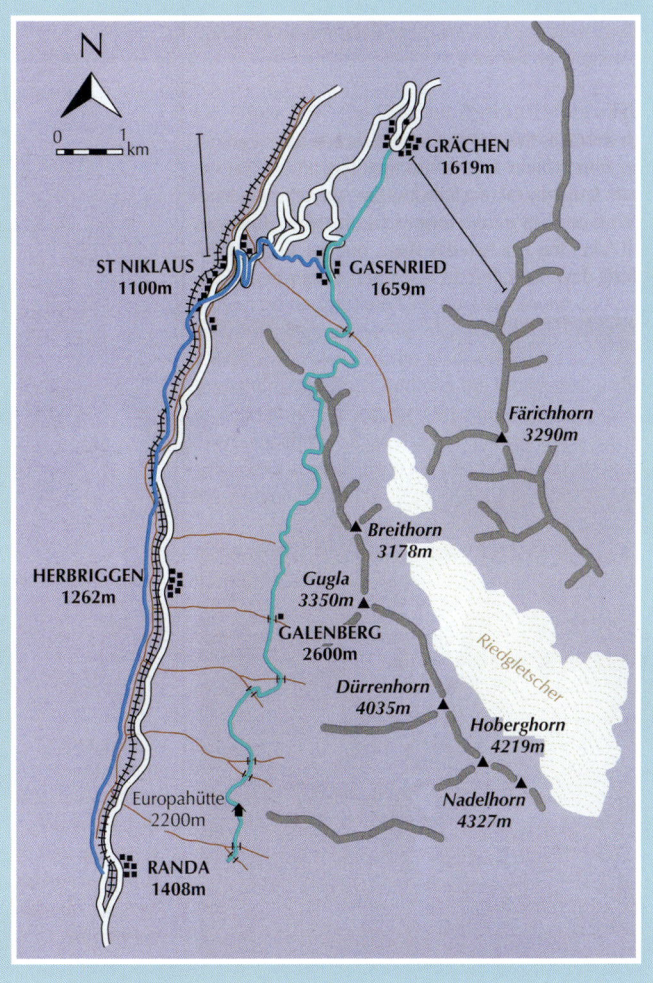

트레킹 출발지 체르마트 시내.
마터호른이 구름 아래 솟아 있다.

교회를 중심으로 번창한 체르마트 거리. 몬테 로자 호텔 벽면에 붙어 있는 마터호른 초등자 에드워드 윔퍼의 동상.

알프스 주요 트레킹 코스들은 산악 마라토너들에게도 인기가 높다.

마터호른을 보면서 체르마트에서 투프터렌으로 가는 평탄한 길.

투프터렌의 전통 가옥들.

태쉬알프에 도착하기 바로 전의 유로파벡.

태쉬알프에 있는 산장 유로파벡휘테.
시간 여유가 있다면 하루 묵고 싶은 산장이다.

산허리길에서는 계곡 건너편 바이스호른 쪽을 계속 보며 걷는다.

유로파벡의 낙석주의 구간.

급류를 건너는 철다리도 있으며 수십 미터 높이의 출렁다리도 놓여 있다. 우리가 갔을 때는 낙석에 출렁다리가 파손되어 아래로 두 시간 우회하여 위험한 낙석지대를 가로질러야 했다. 사전에 트레킹 정보를 확인하는 게 바람직하다.

이른 아침, 유로파휘테에서 출발한 트레커들
뒤로 바이스호른이 솟아 있다.

유로파휘테 이후부터 물이 귀하다. 산장에서 한 시간 이후 만나는,
처음이자 마지막 개울에서 식수를 확보하는 게 좋다.

몬테 로자 일주 중 만난 마터호른 일주 트레커들.

구간구간에 이런 이정표가 잘 설치되어 있다. 표시해 놓은 소요시간이 종종 맞지 않을 때도 있다.

그라헨에서 올라온 트레커.
서로 자신이 지나온 트레킹 정보를 교환하고 있다.

그라헨으로 내려가는 마지막 가파른 돌길.
계곡 너머 저 멀리 바이스호른이 솟아 있다.

그라헨 옆 마을 가즌리트를 내려다보며 쉬고 있는 트레커들

독일어권인 그라헨은 규모가 제법 큰 산악 휴양지로서의 면모를 갖추고 있다.

2 구간 그라헨-자스페

출발지	그라헨
출발지 교통	생 니클라우스에서 버스 운행
출발지 고도	1600m
도착지	자스페
도착지 교통	론 계곡의 비스프나 브리그에서 열차로 스탈덴까지 이동하여 버스 이용. 승용차 이용 가능.
도착지 고도	1803m
등행 높이	약 900m
하행 높이	약 700m
거리	16km
시간	약 7시간 이상.
편의시설	그라헨과 자스페는 작은 산악도시이지만 대부분의 편의시설이 있다. 트레킹 도중에 한니그알프외에는 식당이 없다.
선택교통편	그라헨-한니그알프 리프트
숙박	그라헨과 자스페에 호텔들
기타	비가 많이 내린 후는 낙석이나 산사태가 발생할 확률이 높다. 또한 산양 등이 돌을 떨어뜨릴 수 있다.

　론 계곡에서 체르마트가 있는 마터탈 계곡으로 오르다가 스탈덴에서 좌측 계곡으로 오르면 자스탈 계곡이 펼쳐진다. 스트랄호른에서 발프린까지 뻗어있는 미샤벨 연봉이 두 계곡을 갈라놓기 때문이다. 이 지역에서 다른 계곡으로 넘어가기 위해선 높은 고개를 넘어야 하지만 이 구간만은 '높은 길' 호헨벡으로 알려진 발코니를 따르면 된다. 몬테 로자 일주에서 가장 걷기 좋은 길 중 하나인 이 구간은 4000미터 조금 못 미치는 발프린(3795m) 동쪽 사면을 따라 그라헨에서 자스페까지 이어진다. 1954년에 만들어진 이 길은 그라헨에서 한니그알프까지 전나무 숲길을 걸어오른 다음, 뒤로 펼쳐진 마터탈 계곡의 파노라마를 뒤로 하고 새로운 세계에 들어선다.

　한니그알프에서 교회 옆 숲길로 접어들어 약 2100~2200미터 고도를 따라 걷는다. 목동들이 이용하던 옛길의 절벽에 터널을 뚫어 길을 연결했다. 울창한 전나무 숲길에서부터 나무가 드문 알파인 풀밭과 돌길 등 다양하다. 종종 산양 등이 가파른 사면에서 풀을 뜯으며 지나가는 트레커를 멀뚱히 내려다보기도 한다.

　이 길을 걷다보면 자스탈 계곡 건너편에 솟은 4000미터 봉우리 라긴호른과 바이스미스가 트레커에게 얼마나 걸었는지 이정표가 되어줄 것

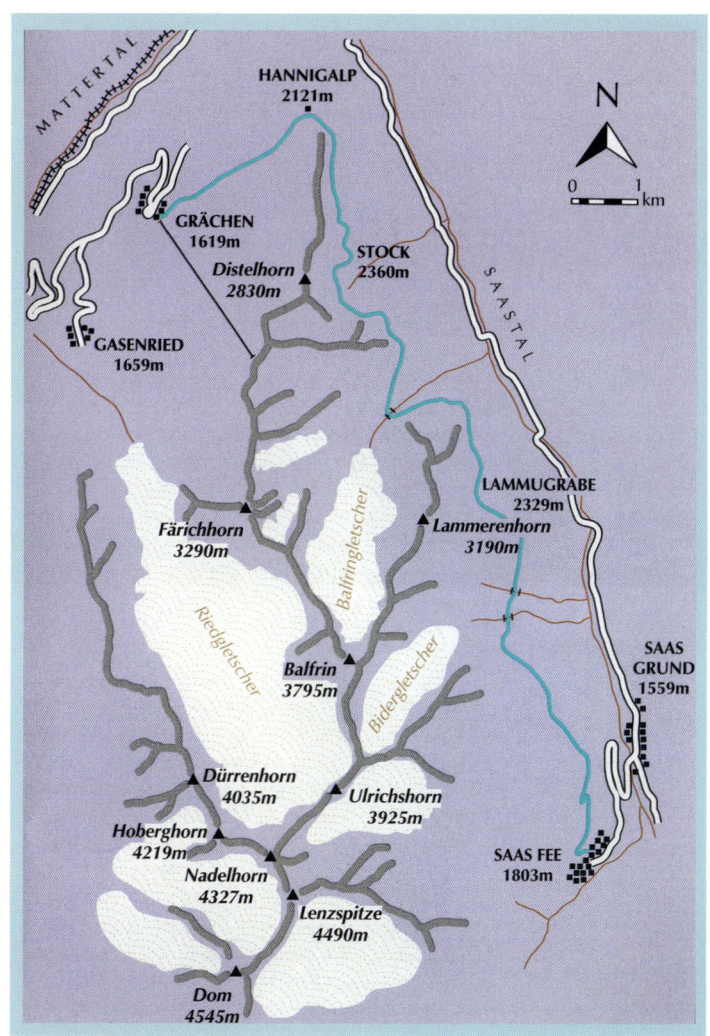

이다.
 당일 트레킹을 즐기는 이들은 반대편에서도 많이 걷는다. 이 길은 일반적으로 유로파벡보다 안전한 구간이지만 간혹 도중에 낙석이나 급류에 길이 유실되기도 한다. 내가 갔을 때는 거대한 금속관으로 급류 아래에 통로를 만들어 놓았다. 혹 이 구간에 길이 끊기면 한니그알프나 자스페 등 트레킹 시작지점 안내판에 우회로에 대한 설명을 잘 해놓을 것이다.

그라헨은 작은 산악마을이지만 웬만한 편의시설은 다 갖추고 있다.

그라헨에서 나고 자란 크라우디오는 아주 친절한 산골사람이었다.
우리에게 잠자리를 알려주었으며 자신의 고향에 대한 애정이 남달랐다.

크라우디오가 알려준 통나무 집에서 하룻밤 묵었다.
창밖에 펼쳐진 마터탈 연봉의 파노라마는 어떤 그림보다 멋있었다.

한니그알프에서 본격적인 발코니 길은 교회 옆에서 시작된다.

그라헨에서 이른아침에 출발한 트레커 둘이 발코니 길을 따라 자스페로 향하고 있다. 뒤로는 베르너 산군이 펼쳐져 있다.

이른 아침부터 할아버지가 가파른 절벽에 난 길을 보수하고 있다.

그라헨-자스페 중간 지점에 위치한 거대한 바위 아래로 자스탈 계곡이 내려다 보인다.

그라헨-자스페 발코니 코스는 자스탈 계곡 너머에 위치한
라긴호른과 바이스미스를 줄곧 바라보며 걷는다.

급류 아래로 큰 관을 묻어 통로를 만들어놓았다.
몇몇 군데는 바위를 뚫어 길을 내기도 했다.

자스페에 가까워질 수록 베르너 산군이 멀어진다.

자스페 인근 전나무 숲길은 시원해 걷기 좋았다.

자스탈 계곡의 대표적인 산악마을 자스페에 들어서고 있다.

자스페 아랫마을 자스그룬드에서 올려다 본 그라헨-자스페 발코니 코스

바이스미스 정상부에서 본 자스탈 계곡과 그 위로 펼쳐진 미샤벨 연봉들. 그라헨-자스페 발코니 루트가 그림자선 가까이 펼쳐져 있다.

자스페에 보존되어 있는 통나무집들이 미샤벨 연봉들을 배경으로 서 있다.

자스페를 오늘날처럼 유명 산악휴양지로 발전시키는데 공헌한 임젱 신부의 동상.

3 구간   자스페-마쿠나가

출발지	자스페
출발지 교통	론 계곡의 비스프나 브리그에서 열차로 스탈덴까지 이동하여 버스 이용. 승용차량 이용 가능.
출발지 고도	1803m
도착지	마쿠나가
도착지 교통	이탈리아의 노바라나 밀라노에서, 혹은 브리그 경유하여 스위스에서 갈 수 있는 도모도사라에서 차량접근 가능.
도착지 고도	1317m
등행 높이	1341m
하행 높이	1797m
거리	20km

이 구간은 생각보다 먼 길이기에 전 구간을 도보로 이동하려면 도중에 하룻밤 자는 게 좋다. 산장이나 산간마을 등에서 하룻밤 잘 순 있지만 대부분의 트레커들은 도중에 리프트나 버스를 이용해 하루만에 운행을 마친다. 자스페에서 숲길을 걸어 자스 알마겔로 내려와 차도 옆 산길을 따라 오른다. 이 구간이 몬테 로자 일주에서 가장 지루한 길일 테지만 전 구간 도보운행을 고집하는 이에겐 그 이상의 가치가 있을 것이다.

한편 자스페에서 자스 알마겔을 거쳐 운행하는 버스는 성수기에는 한두 시간에 한 대씩 있다.

마트마크 댐에는 휴게소와 버스 정류장이 있다. 거대한 인공호수(댐)를 거슬러 오르는데, 오전에는 좌측, 오후에는 우측으로 오르면 땡볕을 피해 주변 풍경을 즐기며 걸을 수 있다. 호수 끝자락에서 몬테 모로 고개로 오르는 산길이 시작되는데, 야생화들이 피어있는 알파인 풀밭 사이로 돌길이 잘 나 있다. 옛 사람들이 국경 너머로 소떼를 몰고 간 이 돌길은 2868미터 높이의 정

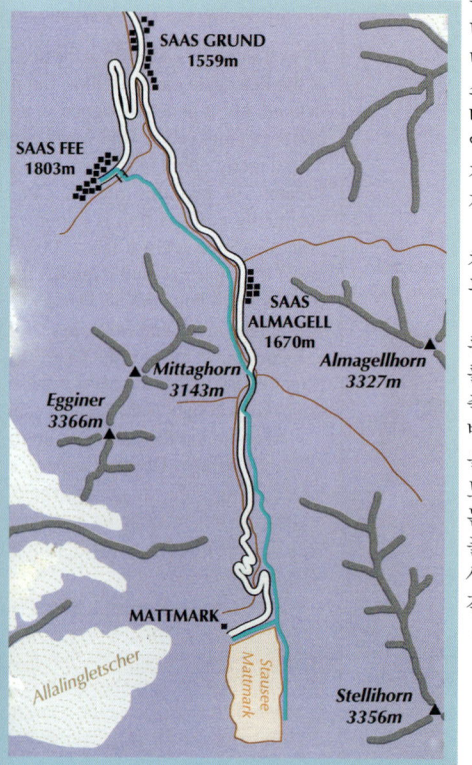

시간	약 11시간
편의시설	자스페와 자스그룬드, 자스 알마겔, 마쿠나가에 대부분의 편의시설이 있다. 마트마크 카페, 오베르토 가스파레 산장.
선택교통편	자스페-마트마크 버스, 몬테 모로 고개-마쿠나가 리프트
숙박	자스페, 자스그룬드, 자스 알마겔, 마쿠나가 등에 호텔 등이 있다. 오베르토 가스파레 산장 등.
기타	오베르토 산장에 묵지 않는다면 이 구간은 하루에 걷기 먼 길이라 도중에 리프트나 버스를 이용해야 한다. 시즌초에는 몬테 모로 고개 가까운 북사면에 눈이 많을 수 있다.

상까지 아주 잘 놓여 있다. 고개 바로 아래 북사면에는 한여름에도 설사면이 펼쳐져 있어 주의를 요한다.

2984미터의 몬테 모로 정상에는 거대한 마돈나상이 황금빛에 빛나고 있는데, 마쿠나가에서 케이블카를 두 번이나 갈아타고 오른 관광객들로 붐비는 곳이기도 하다. 몬테 모로 고개 이탈리아측 사면 아래에 위치한 케이블카역 가까이에 오베르토 산장이 있다. 여기에 묵으면서 멀지 않은 곳에 위치한 요데르호른(3035m)도 올라볼 만 하다. 이곳서 보는 경치는 가히 일품인데, 일출에 물드는 몬테로자 동벽의 웅장한 모습은 알프스 2위봉의 위상에 걸맞을 것이며 몬테 로자 일주여행의 하이라이트 중 하나일 것이다.

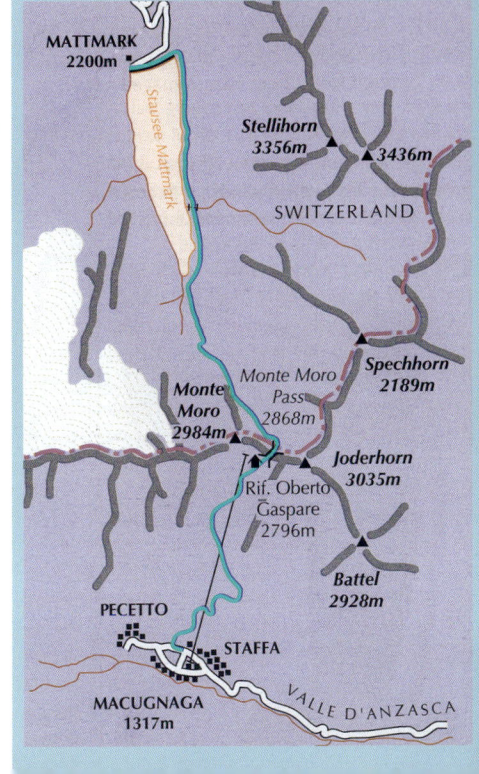

4000미터 봉우리들에 둘러싸인 자스페.
전통 가옥들이 잘 보존되어 있다.

마트마크 댐 우측길.
인도와 차도가 구분되어 있다.

에델바이스를 찾고 있는 일가족

몬테 모로 고개에서 내려온 독일 여성 트레커. 혼자라 심심했던지 자기가 쓴 펠트 모자가 트레킹에 아주 유용했고 내려오다 산양을 봤다고 자랑했다.

소에게 먹이를 주며 장난치는 소년들 뒤로 마트마크 호수가 내려다보인다.

몬테 모로 고개 아래 개울 옆 풀밭은 멋진 캠프지였다. 개울가에 피어 있는 수많은 솜방망이 같은 꽃(?)이 하루의 피로를 풀어주었다.

몬테 모로 고개는 오래 전부터 이탈리아와 스위스 두 산간지방의 주요 통상로였다. 이렇게 넓은 돌길이 고갯마루까지 잘 놓여 있다. 주로 소들이 다녔다는데, 어떤 구간은 돌이 반들하게 닳은 데도 있었다.

몬테 모로 고개 북사면인 스위스 쪽은 한여름에도 눈이 많다. 아래로 마트마크 호수와 그 아래 자스탈 계곡이 보인다.

몬테 모로 정상에 세워진 황금빛 마돈나상. 마쿠나가에서 이른 아침에 케이블카를 타고 오른 이탈리아 관광객들.

마쿠나가를 향해 세워져 있는 황금 마돈나 뒤로 태양이 솟구치고 있다. 사람들은 마돈나 앞에서 무엇을 기원할까?

몬테 모로 정상 아래, 바위 모퉁이 너머로 몬테 로자가 솟아 있다. 이후 구름이 몰려와 더는 몬테 로자를 볼 수 없었다.

마쿠나가

4 구간 마쿠나가-파스토르/알라나

출발지	마쿠나가
출발지 교통	이탈리아의 노바라나 밀라노에서, 혹은 브리그 경유하여 스위스에서 갈 수 있는 도모도사라에서 차량접근 가능.
출발지 고도	1317m
도착지	파스토르 산장 혹은 알라나
도착지 교통	노바라에서 차량, 알라나에서 4km 차도 이후 보도
도착지 고도	1317m
등행 높이	1512m
하행 높이	1254m
거리	16km : 알라나까지 가면 4km 추가
시간	약 9~10시간
최고지점	툴로 고개(2738m)
편의시설	알라나와 마쿠나가 : 거의 모든 편의시설 있음. 파스토르 산장: 비스킷과 초콜릿, (예약시)점심도시락 판매.
숙박	알라나와 마쿠나가 : 호텔들, 파스토르 산장.
기타	툴로 고개를 넘는 이 구간은 꽤 길고 힘들지만 넓은 돌길이 잘 놓여 있어 위험은 덜한 편이다. 고개 북면에 눈이 있을 수 있고 얼음이 언다면 아주 미끄러운 돌길이 된다.

이 구간을 우회하기 위해선 아주 먼 버스여행을 해야 하고 되돌아가는 방법 외에는 탈출로가 없어 툴로 고개가 다소 벅차게 보일 수 있지만 단 한번 오르고 내리는 단순한 구간이다. 길에서 눈만 돌려도 볼거리들이 많은 아주 근사한 산행코스이다.

돌로 닦여 있는 이 구간의 길은 아주 멋지다. 발세시아에서 마쿠나가까지 유일한 직항로이기에 중세부터 툴로 고개는 주요 통행로였다. 스위스 국경 가까이 이탈리아 북부의 변방에 위치한 마쿠나가는 예전에 금광으로 발전했지만 요즘은 스키어나 피서객들이 찾는 휴양지로서 더 유명하다. 중심가인 로타리에서 동남으로 마을을 빠져 나오면 한동안 넓은 흙길이 이어진다. 콰라자 호수 옆 휴게소를 지나 길은 남쪽으로 방향을 트는데 콰라자 계곡을 타고 내리는 물길이 시원하다. 설악산의 어느 골짜기처럼 물이 맑아 곳곳에 피서객들이 물놀이를 즐기는 모습도 보인다.

다리를 하나 지나면 숲 사이로 길이 나 있다. 마쿠나가에서 두 시간 정도 걸어야 숲을 빠져 나와 알파인 목장(La Piana 1613m)에 이른다. 여기서 본격적인 오르막이 시작되는데, 다시 숲길이 이어지다가 나무들의 키가 낮아진다. 이 때부터 길은 더 좋아진다. 시야가 확 트이는 란티 비박산장(2150m)은 작은 오두막 두 개에 침상이 구비되어 있어 비상시에

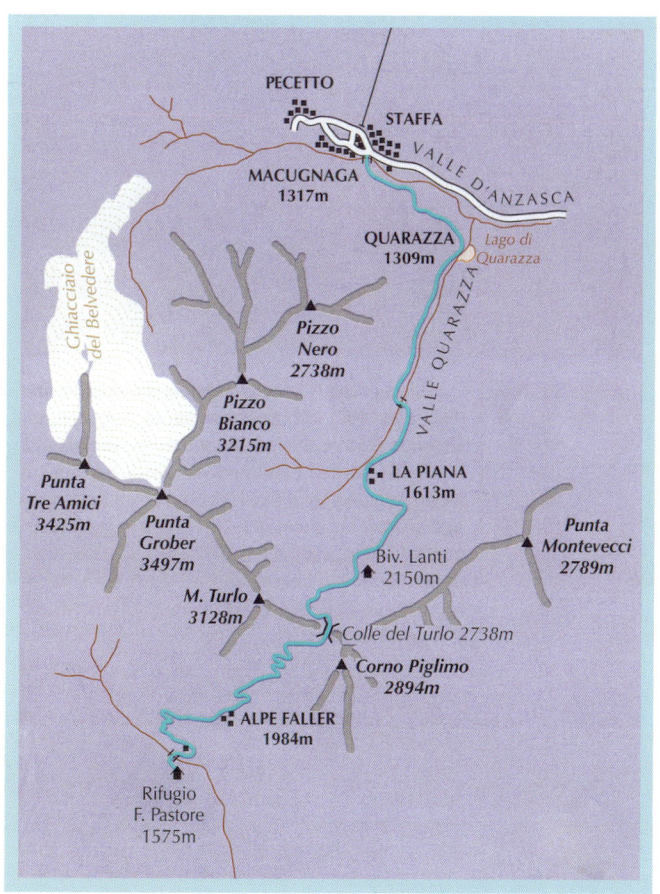

이용하면 된다. 이후 길은 알파인 풀밭 위로 지그재그로 구비돌며 고도를 높인다. 유럽에서 이보다 좋은 고갯길은 없을 정도로 잘 정비되어 있다. 2차 세계대전때 군인들이 옛길을 확장하고 정비한 길이기도 하다. 고개 정상에는 평평한 바닥 한쪽에 멋진 돌의자와 탁자가 놓여 있다.

하산길 또한 잘 닦인 돌길이다. 한 시간쯤 돌아내리면 돌로 지은 아담한 목장지기의 집들(Alpe faller 1984m)이 있으며 또 한 시간 내려가면 파스토르 산장이다. 잠시 후 차도로 나와 도로 위를 조금 걷다가 개울 옆 숲길에 접어들어 4km를 걸어내리면 멋진 산골마을 알라나이다.

마쿠나가 중앙에 있는 교회.
규모만으로도 이 마을의 크기를 짐작할 수 있다.

로타리 아래에 있는 마쿠나가의 유일한 식료품점. 우선 번호표를 뽑은 다음, 물건을 골라 담은 장바구니를 좌측에서 계산하고 돈은 오른쪽에 앉아 있는 아저씨에게 지불한다. 복잡지만 나름대로 규칙이 있었다.

설악산의 어느 계곡처럼 암반 위로 맑게 흐르는 콰라자 계곡에 피서객들이 물놀이를 하고 있다. 계곡을 따라 올라 좌측 숲길을 따르다가 우측 대각선으로 올라야 툴로 고개이다.

Turlo 고개

콰라자 계곡 중간의 라 피아나 목장. 여기서 본격적인 오르막이 시작된다.

2000미터 고도를 넘으면 나무들이 사라지고 풀밭이 펼쳐진다.

프랑스 부부 트레커가 란티 비박산장에 자리를 잡고 있었다. 뒤편에 새로 지은 작은 오두막이 하나 더 있다. 이들은 다음날 툴로 고개를 넘을 거라 했다.

툴로 고개 정상에 가까워질수록 이 길을 닦은 이들의 정성에 탄복하게 된다.
2700미터 고지에 이처럼 잘 정비된 길은 걸어보지 못했다.

여름시즌 초에는 고개 북사면에 눈이 많을 수 있으며
돌길에 얼음이 얼면 조심해서 걸어야 한다.

평탄하게 닦인 고갯마루에는 돌탁자와 의자까지 있어
하룻밤 잠자리를 정하기 좋다.

고갯마루에는 밤새 비가 내렸으며 구름이
몰려와 하산길에 아무것도 볼 수 없었다.

수많은 이들의 노고로 닦은 이 길은 군데군데 무너져 있었지만 매년 보수를 한다고 한다.

한 시간 반 하산하여 만난 목장(Alpe Faller 1984m)의 돌집 위에서 반대편으로 몬테 로자 일주를 하고 있는 트레커들을 만났다.

이 지역에는 돌로 지은 집들이 많았다. 반면 체르마트 쪽은 통나무 집들이 많았다.

1차 세계대전 당시 군인들이 툴로 고갯길을 공사했다는 사진과 설명이 파스토르 산장 아래에 설치되어 있다. 옛길을 오늘날처럼 정비했다고 한다.

파스토르 잔장에서 차도 옆 오솔길을 따라 4km 내려오면 아담한 산간마을 알라냐가 나온다. 중심가에 있는 교회. 교회 옆 식당은 알프스를 넘어 남쪽 나라로 들어선 사실을 실감하게 하며 체르마트 쪽에 비해 물가가 싸고 음식이 맛있다.

5 구간   파스토르/알라나-콜 돌른

출발지	파스토르 산장 혹은 알라나
출발지 교통	노바라에서 차량, 알라나에서 4km 차도 이후 보도
출발지 고도	파스토르 산장 1575m, 알라나 1180m.
도착지	콜 돌른
도착지 교통	스키 리프트나 도보
도착지 고도	2881m
등행 높이	1306m/1701m
하행 높이	395m
거리	12.5km/8.5km(알라나에서)
시간	5~6시간(파스토르 산장에서)
최고지점	콜 돌른(2881m)
편의시설	알라나 : 거의 모든 시설 있음. 파스토르 산장 : 비스킷과 초콜릿, (전날 저녁에 예약시)점심도시락 판매.
숙박	알라나 : 호텔들, 파스토르 산장, 굴리엘미나 산장, 시타디 모르타르 산장, 오트로 산장 등.
기타	이 구간은 하루 일정으로는 다소 짧을 수 있지만 하루 정도 머물고 싶은 곳이다. 파스토르 산장에서 콜 돌른까지 바로 오르는 길도 있는데, 이 경우 알라나를 거치지 않는 아쉬움도 있지만 시간을 절약할 수 있다. 길은 가파르고 험하며 몇몇 구간에선 케이블카 선 아래를 지나기도 한다.

 내가 이 구간에 있을 때는 하루 내내 구름에 쌓여 있어 파스토르 산장 쪽에서 아쉽게도 아무것도 볼 수 없었는데, 여기서 바로보는 몬테 로자의 거대한 동벽이 압권이라 한다. 밤에는 2000미터 이상 높은 곳에 위치한 마가리타 산장의 불빛을 볼 수도 있다. 4559미터 고도에 있는 이 산장은 유럽에서 가장 높은데, 1893년에 처음 지었고 1980년에 증축하여 수많은 알피니스트와 과학자들이 이용하고 있다.
 알라나는 밀라노 쪽으로 흐르는 발세시아 계곡에서 가장 높은 곳에 위치한 아담하고 매력적인 산골마을이다. 파스토르 산장에서 4킬로미터 아래에 떨어져 있다. 깨끗하게 정비된 중심가 주변의 술집과 식당, 교회와 전통 가옥들이 알프스의 북쪽(스위스 쪽) 마을과는 다른 분위기를 자아낸다. 시간이 충분하다면 발저 박물관에도 들러볼 만하다.
 콜 돌른에 이르는 길은 스키장을 끼고 오르는 길이 많지만 트레커들에겐 안성맞춤일 정도로 멋지다. 산양 등 야생동물들의 천국이며 자신의 체력조건에 따라 콜 돌른에 오르는 여러 갈래의 길이 있다. 파스토르 산장에서 곧바로 콜 돌른에 오를 수 있는데, 가파르고 험하다. 한편 알라나로 내려와 포릭 고개(2432m)를 넘어 오를 수도 있으며 리프트를 타고

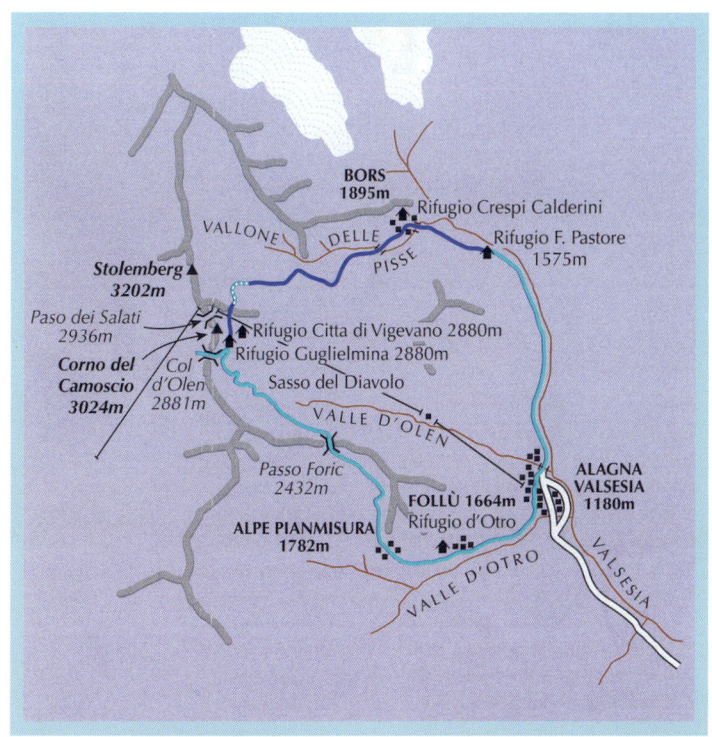

곧장 오를 수도 있다. 어떠한 경우든 콜 돌른 아래 2800미터 고지의 두 산장에서 맞이하는 저녁 풍경은 멋질 것이다.

 알라냐에서 오트로 계곡을 얼마 오르지 않아 만나는 오트로 산장도 트레커가 쉬어가고 싶은 멋진 산장이다. 알파인 초원에 서 있는 아담한 교회와 발저 토착민들의 가옥도 볼만하다. 이후 포릭 고개까지 몇몇 농가를 지나 콜 돌른으로 오른다.


```
Rifugio Citta di Mortara CAI, tel: 016391104
Rifugio Otro                   tel: 0163922952
Rifugio Crespi-Calderini       전화없음
Rifugio Pastore                tel: 016391220
```

발세시아 계곡 상단에 위치한 알라냐 마을. 아담한 산악휴양지이다.

날씨가 나빠져 케이블카를 탄 우리는 중간역에서 콜 돌른행 케이블카를 갈아탔다. 점심시간 두 시간은 운행하지 않는다.

케이블카 역에서 큰 길을 따라 살라티 고개를 경유해 얼마 내려가지 않으면 콜 돌른이며 그 아래에 시타 디 비지바노 산장과 굴리엘미나 산장이 있다. 이곳서 볼 수 있다는 몬테 로자의 웅장함을 놓쳐 아쉬웠다.

6 구간   콜 돌른-생 자크

출발지	콜 돌른
출발지 교통	스키 리프트나 보도
출발지 고도	2881m
도착지	생 자크
도착지 교통	아오스타 계곡에서 차량 접근
도착지 고도	1689m
등행 높이	850m
하행 높이	1858m
거리	13.5km
시간	약 8시간
최고지점	콜 돌른(2881m)
편의시설	생 자크:작은 상점과 호텔들, 스타팔:바, 콜 돌른:두 산장
교통편의	베타포르카 고개-스타팔, 스타팔-콜 돌른까지 각각 리프트 이용 가능.
숙박	생 자크: 호텔들, 가비엣 산장, 굴리엘미나 산장, 시타디 모르타르 산장 등.
기타	스키장의 리프트나 슬로프는 대부분 여름에 정비공사를 한다. 이 구간을 걷다보면 간혹 그런 공사장을 지날 수도 있다. 여름에도 트레커나 관광객을 위해 운행하는 리프트는 체르마트나 샤모니 쪽과는 달리 점심시간 약 2시간은 운행을 중단한다. 한편 가비엣 산장에서 호수를 끼고 내려 그레소네이(1625m)를 거쳐 알펜주 산장(1779m)에서 묵고 핀터 고개(2777m)를 넘어 생 자크로 내려가는 길도 좋다.

 몬테 로자 일주의 이 구간은 대부분 스키장을 끼고 지나야 하기에 시간이 없거나 피곤하면 리프트를 이용할 수도 있다. 콜 돌른 주변은 안개가 잘 끼는 곳이라 필자가 갔을 때도 짙은 안개 때문에 주변 풍광을 둘러볼 수 없어 아쉬웠다. 고개 아래에 있는 굴리엘미나 산장은 한때 유럽에서 가장 높은 곳에 위치한 호텔이었는데, 산장으로 개조되어 1994년에 문을 열어 지금까지 이어져오고 있다.
 콜 돌른에서 리프트 아래의 길을 따라 한 시간 이상 내려오면 가비엣 산장이 나온다. 여기서 스타팔(1823m)로 바로 내려가는 길과 우회로가 있다. 우회로는 호수를 끼고 내려가 핀터 고개를 넘는데, 시간이 좀 더 걸린다. 스타팔로 내려가는 길은 처음엔 가파르지만 이후 평탄해져 계곡 아래에 옹기종기 모여 있는 샬레로 이뤄진 마을에 이른다. 마을 중심 케이블카 역 옆에 식당겸 바가 하나 있으며 식료품 가게는 없다.
 마지막 남은 베타포르카 고개는 초반 전나무 숲길을 오른 후, 리프트 아래를 따라 곧장 올라야 한다. 고갯마루에선 생 자크로 내려가는 산판

도로를 따라 하산한다. 한 시간 반 정도 내려가면 페라로 산장이 나타난다. 외관만 보면 네팔 트레킹할 때 보는 어느 로지 같지만 내부시설은 아주 깨끗하며 산장지기도 친절하다. 이 산장에서 생 자크로 바로 내려갈 수도 있으며 산허리길을 돌아 다음 구간인 치메 비앙쉬 고개로 향할 수도 있다.

```
Rifugio Alpenzu  tel:0125355835 ; www.alpenzu.it/info@alpenzu.it
Rifugio del Lys CAI,  tel:0125366057
Albergo del Ponte    tel:0125366180/0125806667
                     info@albergodelponte.com
Rifugio Guglielmina  tel:016391444 ; fax:0125345107
                     info@rifugioguglielmina.it
Rifugio Citta di Vigevano CAI, tel:016391105
Rifugio Gabiet tel:0125366258 / 0125806152 info@rifugiogabiet.it
```

콜 돌른에서 내려오면 만나는 첫 마을 스타팔.
식료품 가게는 없으며 식당겸 바만 하나 있다.

스타팔에서 베타포르카 고개로 향하는 이들.
케이블카 역 옆에서 시작하여 전나무 숲을 끼고 오른다.

베타포르카 고개행 중간 케이블카 역에서
가까운 알파인 풀밭을 걷는 트레커들.

베타포르카 고개 정상. 여름철에는 이탈리아 평원에서 몰려온 구름이 알프스에 가로막혀 이렇게 안개가 짙은 경우가 많다.

베타포르카 고개에 있는 휴게소. 문이 닫혀 있었다.

베타포르카 고개를 내려오며 생 자크가 위치한
계곡쪽을 내려다 본 모습.

케이블카 역이 있는 고갯마루까지 이런 산판도로가 닦여 있다.
좌측의 작은 길이 대개 트레커가 이용하는 짧은 길이다.

고개에서 한 시간 정도 내려온 곳에 알파인 호수가
하나 있는데, 주변에 멋진 캠프지도 있었다.

베타포르카 고개 위로 아침 해가 솟아 오르고 있다. 고개 아래 호숫가에서.

생 자크로 내려가는 길은 페라로 산장까지 이렇게 평탄하고 너르다.

페라로 산장의 카푸치노와 블루베리 파이 맛은 일품이다. 외관과 달리 내부시설은 아주 깨끗하다.

페라로 산장 바로 뒤에 갈림길이 있는데, 곧바로 내려가면 생 자크이며, 오르막을 끼고 산허리를 돌아오르면 다음 구간인 치메 비앙쉬 고개로 이어지는 좀 더 빠르고 편한 길이 나타난다.

치메 비앙쉬 고개 　　　　　　　　　　　　　　　생 자크

7 구간   생 자크-테오둘 고개

출발지	생 자크
출발지 교통	아오스타 계곡에서 차량 접근
출발지 고도	1689m
도착지	테오둘 고개
도착지 교통	브레일-세르비니아 혹은 체르마트에서 케이블카
도착지 고도	3301m
등행 높이	1580m
하행 높이	151m
거리	14.5km
시간	약 6시간
최고지점	테오둘 고개(3301m)
편의시설	생 자크 : 작은 상점과 호텔들
교통편의	테스타 그리지아-플랑 메종 간 케이블카 운행
숙박	브레일-세르비니아 혹은 생 자크 : 호텔들, 알베르고 플랑 메종, 페라로 산장 등.
기타	이 구간은 시계 반대 방향으로 몬테 로자를 일주하는 이들에겐 쉬울지 모르지만 시계방향으로 걸을 경우 다소 멀고 힘들다. 생 자크에서 치메 비앙쉬 고갯길이 생각보다 멀며 테오둘 고개까지 다시 상당한 거리를 돌아올라야 하기 때문이다. 이에 대한 대안으로 치메 비앙쉬 고개에서 플랑 메종이나 브레일-세르비니아로 내려가 자고 다음날 테오둘 고개를 넘으면 된다. 한편 테오둘 고개에 신설이 쌓이면 길 찾기가 힘들 수 있으며 걷기가 힘들기에 케이블카를 이용할 수도 있다.

 국경인 치메 비앙쉬 고개로 오르는 이탈리아에서의 마지막 구간은 알프스에서 가장 아름답고 광활한 자연미를 느끼게 하는 멋진 트레킹 구간 중 하나이다. 출발은 생 자크에서 바로 오를 수도 있고 페라로 산장에서 목장이 있는 베라 계곡 상단으로 산허리를 돌면 시간을 단축할 수 있다.
 숲을 빠져 나와 깨끗한 물이 흐르는 개울가를 따라 오른 후 나무 한 그루 없는 본격적인 알파인 지대에 들어선다. 드넓은 알파인 초원 저 멀리 다양한 형상의 바위 봉우리들이 멋진 풍경을 연출한다. 두 시간 후 알파인 목장(Alpe Mase 2400m)을 지나고부터 간혹 가파른 길이 있지만 대체로 풀밭 사이의 흙길로 잘 닦여 있다. 이윽고 라고 호수에 이른 후 가파른 오르막을 오르면 치메 비앙쉬 고개 정상이다. 다시 스위스 땅이다. 북서쪽 하늘에 멋지게 서 있는 마터호른을 볼 수 있다.
 이후 플랑 메종 쪽으로 내려가지 말고 비스듬히 횡단하여 본타디니 예배당으로 이어진 길을 따른다. 이후 눈밭길을 올라 테오둘 고개에 이른다. 이 고개는 알프스에서 가장 오랜 고갯길 중 하나로서 오랜 세월 동안

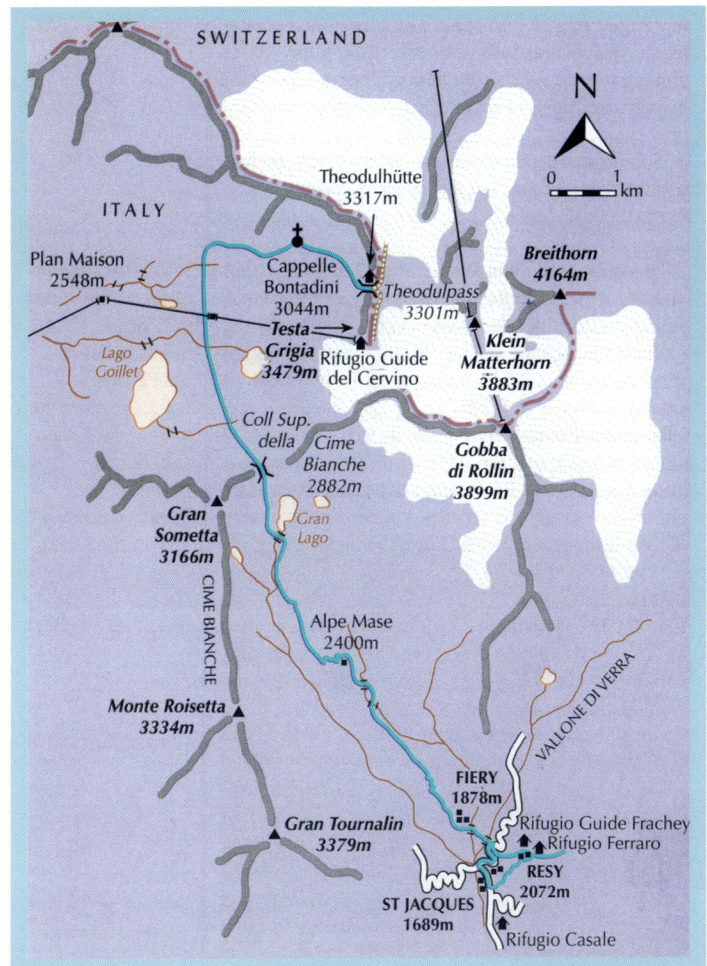

상인과 군인, 이주민과 밀매업자, 목동 등이 이용했다. 여기에서 발견된 로마시대의 유물로 보아 지금과는 지형이 달랐을 거라고 추정하고 있다. 당시 기후는 훨씬 더 따뜻해 테오둘 고개에 빙하가 없어 쉽게 넘나들었을 거라고 한다. 그럼에도 3000미터 이상의 고갯길은 악천후와 도적떼, 피로 등으로 옛사람들에게는 아주 위험했을 것이다. 요즘은 상황이 다른데, 그럼에도 트레커에겐 멋진 경험이 될 것이다. 3300미터 고지의 알파인 지대에서 맞이하는 밤은 2000미터 지대의 야생화가 핀 초원과는 다른 세계가 분명하기 때문이다.

Rifugio Casale CAI, tel:0125307688
Rifugio G.B.Ferraro tel:0125307612 / 3351345567
www.rifugioferraro.com / fausta.stelio@virgilio.it
Rifugio Guide del Frachey tel:0125307468

St.Jacques

페라로 산장에서 곧바로 오르막을 끼고 산허리를 돌아오르면 다음 구간인 치메 비앙쉬 고개로 이어지는 빠르고 편한 길이 나타난다. 트레커 뒤로 생 자크가 있는 계곡이 보인다.

베라 계곡 상단의 목장 위로 브라이트호른과 카스토르 등 4000미터 급 봉우리들이 솟아 있다.

맑게 흘러내리는 계곡을 끼고 길이 나 있다.

하루 정도 이 주변에서 머물고 싶을 정도로 아름다운 계곡이 이어졌다. 다리를 건너 좌측 위로 길이 나 있다.

약 3시간 만에 도착한 알파인 목장 알프 메이즈(2400m)

치메 비앙쉬 고개를 넘어온 부부 트레커.
여기서부터 경치뿐 아니라 길도 더 좋았지만 비가 내렸다.

병풍처럼 펼쳐진 바위벽을 배경으로 라고 호수에서 흘러내
린 개울을 건너고 있다.

치메 비앙쉬 고개 아래 오르막 길.
뒤편에 라고 호수가 보인다.

3000미터 가까운 고갯마루에 올라서자 비는 곧장
싸래기눈으로 바뀌었다.

치메 비앙쉬 정상의 이정표.
날씨가 나빠 마터호른을 보지 못해 아쉬웠다.

군데군데 이런 표시들이 테오둘 고개로 길을 안내한다.
비스듬히 횡단 후 플랑 메종 위에서 본격적인 오르막이 시작된다.

테오둘 고개 아래 리프트 역 옆에 이제는 낡고 왜소하게 보이는 본타디니
예배당 안에 알피니스트였던 프랑코 본타디니를 기리는 사진이 있다.

FRANCO BONTADINI
CAPITANO MEDICO ALPINO NASTRO AZZURRO
NATO ALLA LETIZIA
L'ATTINSE ALLA MONTAGNA E LA DONO AGLI AMICI
FU GIUSTO E GENEROSO INCREDULO AL MALE
AMANTE DEL SOLE USCI' DA QUESTO MONDO
AL SOPRAGGIUNGERE DELL' OSCURITÀ

8 구간 테오둘 고개-체르마트

출발지	테오둘 고개
출발지 교통	브레일-세르비니아 혹은 체르마트에서 케이블카
출발지 고도	3301m
도착지	체르마트
도착지 교통	1600m
도착지 고도	3301m
등행 높이	0m
하행 높이	1701m
거리	11km
시간	5시간
최고지점	테오둘 고개(3301m)
편의시설	체르마트에 거의 대부분의 편의시설이 있으며, 테오둘휘테, 테스타 그리지아에 카페와 산장이 있다.
교통편의	푸리와 트로크너스텍에서 케이블카 이용 가능
숙박	체르마트 : 호텔들, 강데그휘테, 테오둘휘테, 가이드 델 세르비노 산장 등.
기타	테오둘 고개에서 체르마트까지 줄곧 내리막이기에 큰 어려움은 없지만 트로크너스텍까지 빙하 위를 걸어내리니 이에 대비한 준비를 해야 한다. 이른 아침에는 빙하 위가 미끄러워 아이젠을 착용하는 게 좋을 것이며 한낮에는 설사면이 녹아 발목 이상 빠지기에 발목이 긴 방수용 신발을 신는 게 좋다.

몬테 로자 일주에서 유일하게 빙하 위를 걷는 이 구간을 내려가기에 앞서 철저한 준비가 필요하다. 산장지기에게 최근에 내린 눈의 적설량이나 빙하 위의 통행 조건 등을 물어보고 아이젠이나 신발, 방한복 등의 장비를 다시 점검하는 게 좋다. 보통 테오둘 고개에서 북면인 체르마트 쪽만 빙하를 이루고 있으며 그 위에 스키 슬로프를 닦아 놓았고 고개 반대편인 이탈리아 쪽은 스키 슬로프로 닦인 눈밭길이다. 여름 시즌에도 7월보다는 8월에 눈이 적으며 이른 아침에는 빙하표면이 언다. 그리고 구름이 덮였거나 바람이 부는 날에는 눈이 덜 녹는다. 아울러 자신의 빙하산행 경험이나 능력 등을 고려할 필요가 있다. 무엇보다 최선의 안전은 사전에 빙하횡단 기술을 습득해 동료와 자일을 묶고 이동하는 것이고 현지 가이드와 함께 이동하는 방법도 있다.

빙하 트레킹이 위험하다고는 하지만 너무 겁먹을 필요는 없다. 하산중 보이는 4000미터 봉우리들의 파노라마는 다른 곳에서는 볼 수 없는 장관이다. 서쪽 마터호른에서부터 동쪽 몬테 로자와 브라이트호른까지 이 지역의 거의 모든 봉우리들이 시야에 들어온다.

 고개에서 한 시간 반 정도 뒤에 도착한 트로크너스텍에서 리프트를 탈 수도 있고 계속해서 걸어내릴 수도 있다. 리프트를 타더라도 푸리에서 내려 체르마트까지 걸어보자. 숲과 알파인 풀밭 곳곳에 세워진 이 지역의 전통 가옥들을 둘러보는 즐거움이 크다. 몇몇 곳은 레스토랑으로 변해 있기도 하지만 통나무로 지은 샬레들은 주민들이 여전히 거주하며 잘 보존되어 있다.

Theodulhutte tel:0166949400 / mobile:3383267009
Testa Grigia − Rifugio Guide del Cervino Fam Antonio Carrel
 tel:0166948369 fax:016693129 / giorgiocarrel@galactica.it
Gandegghutte tel:0279672112 / fax:0279672149 / mobile:0796078868
 gandegghutte@holidaynet.ch

스키 슬로프인 눈밭길을 걸어
테오둘 고개를 넘는다.

빙하를 걸어내리면서 좌측 마터호른부터 체르마트
주변의 거의 모든 봉우리들을 지켜볼 수 있다.

하산중에 본, 고르너그라트 빙하 위에 솟은 몬테 로자의 위용.

219

체르마트에 들어서기 전에 푸리 아래 전통 가옥들을
둘러보는 재미도 빼놓을 수 없다.

체르마트 외곽에는 아직도 농사를 짓는 이들이 있다.

건초를 말리는 체르마트 농부.
통나무집은 창고로 쓰인다.

체르마트 시내의 주요
운송수단인 전기차

내가 걸은 몬테 로자 일주

제법 큰 산악마을 그라헨(Grachen 1619m)에서 몬테 로자 일주를 위해 식료품을 구입한 우리는 곧장 한니그알프(Hannigalp 2121m)로 향했다. 마을을 벗어나 오르막에 이르자 울창한 전나무 숲 사이로 산판도로가 잘 나 있었다. 겨울에 스키 슬로프로 이용되는 길이었다. 한 시간 반 걸려 한니그알프에 닿았다. 여기서 자스페(Saas Fee 1803m) 방향으로 가야 하는데 이정표가 없어 무작정 위로 올랐더니 전망이 트인 언덕만 있었다. 마침 사십대 남자가 한 명 있어 그에게 물으니 200미터 아래 한니그알프에서 산허리를 돌아 교회 옆으로 가야 된다고 했다. 그러면서 그는 지금 자스페까지 갈 거냐며 놀라는 눈빛으로 묻는다. 아니라고 하니 몇 십 미터 위 바위지대에 있는 통나무집에서 자고 가라고 했다. 이름이 크라우디오라고 한 그는 그라헨 태생이라면서 우리가 일본인인지 물었다. 한국인이라고 하니 반기는 기색으로 일본인들은 체르마트만 너무 좋아한다고. 말인즉 그라헨 또한 체르마트 못지않다는 자긍심의 표현이었다.

그와 헤어진 우리는 통나무집에 여장을 풀었다. 마침 그라헨에서 사온 포도주를 들이켜며 창밖에 펼쳐진 설산의 석양을 즐겼다. 창틀의 사각 프레임 속에서 시시각각 변하는 풍경은 어떠한 명화보다 멋져 행복한 밤을 맞이했다. 텐트보다 편하고 따뜻해서 늦잠을 자고 말았다. 아침 6시 전에 일어나야 했는데, 7시가 넘어 눈을 떴다. 커피 한 잔과 비스킷으로 급하게 아침식사를 하고 출발했다. 크라우디오가 말한 교회로 내려오니

바위를 뚫어 길을
낸 호헨벡

첫 케이블카를 타고 오른 트레커들이 올라오고 있었다. 그들 중 몇은 산행의 안전을 기원하기 위해 십자가 아래서 손을 모았다. 사방이 유리로 트인 산정 교회가 이색적이었다. 자스페로 이어진 길은 완만하게 산허리를 따라 남쪽으로 향해 있었다. 자스탈 계곡 건너편에는 1년 전에 올랐던 바이스미스(4023m)가 아침 햇살에 반짝였다.

전나무 숲을 벗어나자 길은 낭떠러지 옆을 끼고 돌았다. 바위를 깎아낸 통로에는 쇠줄이 설치되어 있었으며 바위를 뚫고 길을 낸 곳도 몇 군데 있었다. 모퉁이를 하나 도니 할아버지 한 분이 쇠줄을 점검하고 있었다. 우리가 걷는 길을 정비하고 있었는데, 우리보다 일찍 출근(?)한 셈이었다. 그런 분들의 노력으로 몬테 로자 일주 같은 멋진 코스가 자연의 힘에 맞서 유지되고 있었다. 자스페까지 13km 이상 되는 먼 길은 수많은 산허리 길을 품고 있었다. 여섯 시간 이상 걸어서야 자스페에 이르렀다. 오래 전에 알푸벨이나 알라린호른 같은 4000미터 봉우리들을 오르기 위해 와 본 아담한 산악마을이다. 시간은 이미 오후 3시가 넘었기에 마트마크(Mattmark 2200m) 댐까지 버스를 이용하기로 했다. 자스페에서 댐까지 차도 옆길을 따라 오르는 길은 아마도 몬테 로자 일주에서 가장 지겨운 구간일 것이다.

걸으면 3시간은 걸리는 거리를 30분도 되지 않아 도착한 마트마크 댐에는 여름더위를 식히기 위한 피서객들이 버스를 기다리고 있었다. 둑 옆 풀밭에서 잠시 쉰 우리는 그늘이 지기 시작한 댐 우측 길을 따라 걸었다.

마트마크를 보며 몬테 모로 고개로 오르고 있다.

규모가 꽤 큰 댐이라 30분 이상 걸어서야 댐에서 벗어나 몬테 모로 고개(Monte Moro Pass 2868m)에 이르는 오르막에 접어들었다. 오후 5시경이라 태양이 한층 기울어 알파인 지대의 햇살은 따갑지 않았다. 다시 반시간 이상 오르자 풀밭 여기저기서 소들이 방울소리를 내고 있었다. 아이들이 풀을 뜯어 소에게 먹이면서 즐거워했다. 잠시 후 몬테 모로 고개에서 내려온 독일 여성 한 명은 갈 길이 급하지 않은지 좀 더 오르면 산양을 만날 수 있을 거라 알려주면서 양모로 짠 자신의 모자가 트레킹에 아주 유용했다고 자랑까지 했다. 그와 헤어져 좀 더 오르니 드넓은 풀밭 아래에 개울이 흐르고 있었다. 이미 저녁 7시가 넘었기에 여기서 하룻밤 묵기로 하고 텐트를 쳤다. 물을 뜨러 갔더니 개울 주변 습지가 동그랗고 하얀 솜털 꽃으로 뒤덮여 지는 햇살과 함께 환상적인 장면을 연출하고 있었다. 체르마트 쪽에선 볼 수 없었던 풍광이었다.

 3일째 아침은 화창했다. 짐을 꾸려 출발하니 아침 7시였다. 몬테 모로 고개로 얼마 오르지 않아 아침 햇살이 반겼다. 무거운 짐을 지고 느리

툴론 고갯길. 이 길을 만든 이들에게 다시 한번 고마움을 느꼈다.

게 걷는 우리를 앞지른 칠십 대의 할아버지가 아침 인사를 건넸다. 그는 이 길이 옛날에는 소들이 지나다니던 길이라 했다. 유심히 보니 넓은 돌로 계단을 놓은 솜씨가 보통이 아니었다. 남북으로 이탈리아와 스위스의 목동들이 수없이 오르내린 돌계단들은 반들반들하게 닳아 있었다. 목동의 생계를 잇는 길이 소에게는 죽음의 길이었던 셈이다. 두 시간도 걸리지 않아 몬테 모로 고개에 올라섰다. 앞서 올라온 이탈리아 인들이 거대한 성모 마리아상 앞에 모여 있었다. 성모 마리아를 이탈리아에서는 마돈나라고도 부른다. 황금빛으로 칠해진 마돈나상은 아침 햇살에 찬란히 빛나면서 우리의 다음 목적지인 마쿠나가(Macugnaga 1317m)를 내려다보고 있었다.

몬테 모로 고개 남서쪽에 펼쳐진 웅장한 산괴가 시선을 끌었다. 바로 몬테 로자였다. 거대한 동벽은 알프스 최고의 벽등반 대상지로서의 위엄을 갖추고 있었다. 아쉽게도 구름이 몰려와 더 자세히 볼 수가 없었다. 이날 잠시 몬테 로자를 볼 수 있었을 뿐 더 이상은 보지 못했다. 얼마 후

마쿠냐가로 하산했다. 몬테 모로 고개를 오르내린 목동들이 쌓아 올렸을 교회와 시가지의 건물들 규모가 꽤 컸다. 한때 목축으로 번성한 마을의 시끌벅적한 분위기가 여전히 남아 있었다. 이제는 더위를 피해 온 관광객들이 대부분인 듯 했다. 로터리 주변의 중심가만 벗어나도 한적한 산골 분위기가 느껴졌다.

길은 계속해서 남쪽으로 향했다. 툴로 고개(Colle del Turlo 2738m)에 올라야 했다. 30분 걷자 콰라자(Quarazza 1309m)라는 호수 옆 유원지가 나타났다. 계곡을 끼며 계속해서 남쪽으로 길을 잡았는데, 깨끗한 물이 화강암반 위로 맑게 흘러내리는 풍경을 보니 마치 설악산의 어느 골짜기에 와 있는 것 같았다. 한낮의 더위를 피해 계곡에서 몇 시간 쉬고 싶었지만 갈 길이 멀었다. 두 시간 더 계곡을 오르자 라 피아나(La Piana 1613m)라는 목장지대가 나타났다. 이곳까지 몇몇 피서객들이 올라와 물가에서 더위를 식히고 있었다. 우리도 나무그늘에서 쉰 후 걸음을 재촉했는데, 본격적인 오르막이 시작되었다. 한낮의 무더위에 땀이 비 오듯 흘러내렸다. 수통 또한 비어 있어 은근히 걱정되었지만 한 시간 더 오르니 깨끗한 개울을 만날 수 있었다. 이윽고 숲을 빠져 나와 2000미터가 넘는 알파인 지대에 오르니 시원한 산들바람이 불었다.

란티 비박산장(Biv. Lanti 2150m)에 이르니 육십 대의 프랑스인 부부가 반겼다. 역시 몬테 로자 일주중이라던 그들은 여기서 묵고 다음날 툴로 고개를 넘을 거라 했다. 우리에게는 야영장비도 있고 날도 아직 밝아 좀 더 오르기로 했다. 길은 잘 나 있었다. 라 피아나 이후 폭이 2미터 넘는 돌길이 포장해 놓은 듯 반듯하게 나 있었다. 우리는 이 길 또한 몬테 모로 고갯길처럼 소들의 이동통로가 아닐까 했는데, 나중에 알고 보니 1차 세계대전 때 군사 목적으로 군인들이 건설한 길이었다. 도중에 몇몇 유실된 구간도 있었지만 끊임없이 개보수를 하는지 툴로 고개를 넘어 반대편 계곡까지 반듯하게 놓여 있었다. 수많은 이들의 피땀으로 놓인 돌길을 걷고 또 걸었다. 해가 서산으로 지자 구름이 몰려왔다. 이미 저녁 7시가 넘었는데 좀체 고갯마루가 보이지 않더니 갑자기 시야에 들어왔다. 이제껏 올라본 알프스의 어느 고갯마루와는 달리 돌로 만든 탁자까지 있는 넓은 고개에서 우리는 텐트를 치고 하룻밤 묵기로 했다. 밤새 바람이 불고 비가 내렸다.

2700미터가 넘는 고갯마루에서 멋진 일출장면을 기대했건만 포기하고 비가 내리지 않는 틈을 타 급히 짐을 꾸렸다. 몇 십 미터밖에 시야가 트이지 않는 구름 속에서 하산길을 잡았다. 잘 놓인 돌길 덕에 길 잃을 염려 없이 내리막을 걷고 또 걸었다. 한 시간 반쯤 걷자 아담한 돌집이 옹기종기 모여 있었다. 구름 사이로 태양이 나타나서야 커피 한 잔을 마시면서 쉬었다. 다시 길을 떠난지 얼마 되지 않아 계곡 아래에 있는 산장(Rifugio F. Pastore 1575m)에서 출발한 트레커 10여 명이 올라왔다. 가이드를 동반하고 몬테 로자를 일주하는 영국인들이었다. 하늘에는 여전히 구름이 많았다. 다시 한 시간은 더 걷자 파스토르 산장 어귀였다. 갈 길이 먼 우리는 산장에 들르지 않고 곧장 알라냐(Alagna 1180m)로 하산했다. 한동안 차도를 따라 걷다 급류 옆에서 산길에 접어들어 30분 이상 걸어 내렸다.

 정오가 넘어 도착한 알라냐는 제법 큰 산악마을이었다. 교회 옆 야외식당에서 피자와 맥주로 지친 몸을 달래며 알프스 남쪽 나라의 활기찬 분위기에 젖어들었다. 큰 산 하나를 넘어왔는데도 태양은 더 따갑게 느껴졌으며 가옥이며 사람들의 생김새도 달랐다. 태양은 다시 구름 뒤로 숨어버렸다. 일기예보를 보니 하루내내 구름이 짙고 밤에는 비가 내린다고 했다. 한참을 고심한 끝에 다음 구간은 케이블카로 이동하기로 했다. 리프트가 올른 고개(Col d'Olen 2881m)를 넘어 스타팔 마을(Stafal 1823m)과 베타포르카 고개(Colle di Bettaforca 2672m)까지 연결된다고 했다. 더구나 티켓 하나로 전 구간 이용이 가능하다고. 어차피 앞으로 날씨가 좋지 않다기에 현대문명을 이용해 하루 일정을 줄이기로 했다. 짙은 구름 속을 오가는 케이블카와 리프트를 갈아타며 스타팔 마을을 지나 베타포르카 고개에 올랐다. 단숨에 고개 두 개를 넘었다. 날이 곧 어두워져 이 날은 고개 아래 풀밭 호숫가에서 묵었다.

 그라헨에서 출발한지 5일째 아침은 구름이 많았다. 구름 사이로 빛나는 햇살이 이른 출발을 반겼다. 스키 슬로프로 이용되는 산판도로를 따라 한 시간 걸으니 페라로 산장(Rif. Ferraro 2072m)이 나타났다. 산장 바깥 여기저기에 룬다 깃발이 나부꼈다. 네팔의 어느 로지 분위기마저 나 실내에 들어가 보니 히말라야 여행 후에 가져왔을 소품들이 많았다. 커피와 블루베리 파이를 시켜 먹고 길을 떠났다. 처음엔 산장에서 아랫마을 생 자크(St. jacques 1689m)까지 내려가 치메 비앙쉬 고개(Coll sup. della Cime Bianche 2882m)로 오를까 싶었는데, 이정표를 보니 내려가지 않고 베라(Verra) 계곡으로 산허리를 돌아도 된다고 되어 있었다. 베

페라로 산장에서 오르는 길.
가장 아름다운 길 중 하나였다.

치메 비앙쉬 고개로
오르면서 쉬고 있다.

라 계곡 상단은 넓은 평원의 목장이었다. 그 위로 펼쳐진 봉우리들이 눈에 익어 가만히 보니 5년 전에 오른바 있는 브라이트 호른 연봉과 카스토르, 폴룩스 등이었다. 언제 또 저 산들을 오를 수 있을까 싶은 상념에 잠겨 치메 비앙쉬 고개로 향했다.

두 시간 더 올라 목장(Alpe Mase 2400m)을 지났다. 정오가 지나 하늘은 잔뜩 흐려져 있었다. 30분 더 오르자 두 명의 부부 트레커가 내려오고 있었는데, 그들은 곧 비가 내릴 거라며 지금 고개를 넘기에 거리가 너무 멀다고 했다. 오늘 중으로 트레킹을 마무리하려고 했던 우리는 오히려

치메 비앙쉬 고개를 넘으며 비를 잔뜩 맞은
우리는 플랑 메종을 거쳐 브레일 세르비니아
로 내려왔다. 10일만에 돌아왔다.

목장지기가 여름에만 잠시 사용하는 집 알프 메지

더 걸음을 재촉했다. 30분도 되지 않아 비가 내렸으며 고개에 다다를수록 비바람이 심했다. 비는 이내 눈으로 바뀌어 손이 몹시 시렸다. 우리는 물이 불어 급류가 흐르는 계곡까지 건너면서 뛰다시피 테오둘 고개 아래 플랑 메종에 도착했다. 오후 다섯 시도 되지 않았지만 케이블카 역이나 주변 휴게소는 모두 문이 잠겨 있었다. 시원한 맥주와 따뜻한 음식을 기대한 우리의 낙담은 이루 말할 수 없었다. 그렇지만 마터호른 일주를 할 때 지나간 이곳을 9일 만에 무사히 되돌아온 사실에 감사했다. 밤새 비가 내렸으며 다음날 일찍 브레일-세르비니아로 하산했다.

브라이트호른
(Breithorn 4164m)

테오둘 고개에서 체르마트 쪽으로 내려가다 본 브라이트호른 북면. 남면은 경사가 완만하여 크라인 마터호른 전망대에서 쉽게 오를 수 있다.

 마터호른 일주나 몬테 로자 일주를 할 때 넘어야 하는 테오둘 고개에서 접근이 쉬운 브라이트호른은 4000미터 급 알프스 주요 봉우리들 중 27번째 높은 봉우리이다.
 브라이트호른 즉, '브로드피크(Broad Peak)'란 뜻이 있는 이 봉우리는 말 그대로 4000미터가 넘는 높이에서 이어지는 능선의 길이가 2.5km나 된다. 이 긴 능선에는 UIAA(국제산악연맹)가 인정한 4000미터 봉우리 5개가 솟아 있다. 동서로 길게 뻗은 능선을 사이에 두고 북쪽은 가파른 암벽 및 빙설벽이 펼쳐져 있으며, 남쪽은 상대적으로 완만한 설사면과 빙하지대가 형성되어 있다.
 4164미터 높이의 주봉은 능선의 서쪽 끄트머리에 위치해 있으며 동쪽으로 중앙봉(Central Summit 4159m)과 웨스트 트윈(West Twin 4139m), 이스트 트윈(East Twin 4106m), 그리고 로치아 네라(Roccia Nera 4075m)가 차례로 자리잡고 있다. 특히 체르마트에서 크라인 마터호른(Klein Matterhorn 3884m) 전망대행 케이블카를 이용해, 남남서면으로 손쉽게 오를 수 있으며 테오둘 산장에서도 접근이 쉽다. 알파인 등반의 초심자들도 부담 없이 4000미터 봉우리를 오를 수 있는 곳이니 몬테 로자 일주를 마치고 시간 여유가 있다면 알프스의 봉우리 하나 정도는 올라볼 만하다.

브라이트호른 중앙봉을 오르고 있다. 뒤에 솟은 봉우리가 주봉이다.

주봉인 서봉에서 하산하는 모습

등반 정보

 1813년 8월에 H. Maynard 일행이 초등한 브라이트호른은 아마도 알프스에서 가장 접근성이 좋고 쉽게 오를 수 있는 4000미터 봉우리들 중 하나일 것이다. 물론 이것은 2.5km 길이의 능선에 펼쳐진 다섯 개 4000미터 봉우리들 중 맨 서쪽에 있는 주봉과 중앙봉인 경우에만 해당된다. 일반적으로 체르마트에서 크라인마터호른 전망대를 경유해서 접근하지만 남쪽인 이탈리아에서도 많은 산악인들이 오르고 있다. 이 경우 등반이 더 길고 어렵지만 성취감은 더 클 것이다. 정상에서 보이는 360도 파노라마 전경은 트레킹으로는 만날 수 없는 장면이니 마터호른 일주나 몬테 로자 일주를 하고 시간을 할애해 등반해볼 만하다.

 브라이트호른 주봉과 중앙봉 등반은 크라인마터호른 전망대를 경유할 경우 반나절로도 가능하다. 그리고 다른 봉우리들에 비해 접근이 쉬워 연중 어느 때든 등반이 가능하다. 다만 브라이트호른 설원을 횡단할 때 안개로 길을 잃지 않도록 주의할 필요가 있다. 1977년에 5명의 스키어가 길을 잃어 사망한 적이 있다.

 이곳서 며칠 묵으려면 전망대 아래의 강데그 산장(Gandegg Hut / 3029m / Tel. 028672196)을 이용해도 되며 능선 가장 동쪽 봉우리인 로치아 네라 아래의 비박산장을 이용해도 된다. 그리고 그보다 더 가까운 브라이트호른 설원에서 캠핑도 할 수 있다. 장비로는 피켈 및 아이젠, 등산화와 방한복 등이 필요하며 알파인 등반 경험자와 동행하는 게 바람직하다. 체르마트 시내의 등산장비점에서 각종 장비(아이젠, 피켈, 비브람등산화, 안전벨트 등)를 대여해준다.

몬테 로자
(Monte Rosa 4634m)

알프스에서 두 번째 높은 봉우리

몬테 모로 고개에서 본 몬테 로자의 위용. 산악도시 마쿠나가 위 안자스카 계곡 상단 알파인 풀밭에서 정상(듀포스피츠)까지의 표고차가 2470미터인 동벽은 알프스에서 가장 높은 거벽으로서 히말라야 같은 위용을 자랑한다.
1990년대 말에 나는 최고봉 듀포스피츠를 노멀루트인 뒷면(서쪽면)으로 올랐다.

바이스미스 정상에서 본 몬테 로자.
그늘진 아래에 마트마크 댐이 있다.

몬테 로자 최고봉 듀포스피츠 정상 아래 능선을 오르는 이들 뒤로
고르너 빙하가 흐르고 있으며 저 멀리 마터호른이 솟아 있다.

몬테 로자

이탈리아와 스위스의 경계에 위치한, 알프스 2위봉 몬테 로자는 4000미터 이상 봉우리 열 개가 모인 하나의 산군이기도 하다. 1778년에 7명의 이탈리아 인들이 등반을 시도한 기록이 있는데, 이들은 4000미터 지점까지 올랐다고 한다. 그후 1800년대 중반에 접어들어 여러 봉우리들이 초등되고 1855년에 최고봉이 영국인들에 의해 초등되었다.

나는 1999년 여름에 서쪽면인 노멀루트로 오른 적이 있다. 당시 나는 동료 둘과 함께 체르마트에서 출발해 고르너그라트 전망대까지 산악열차로 올랐다. 거기서 고르너 빙하를 건너 몬테 로자 산장에서 1박을 하고 이튿날 새벽에 등반을 시작해 긴 눈밭을 걸어 오르고 마지막 난관인 정상부 능선을 통과해 약 6시간 만에 정상에 올랐다. 정상부위의 능선 외에는 긴 설사면이 이어지기에 눈밭을 장시간 걸어오를 수 있는 체력이 있어야 등정이 가능하다. 한편 3~6월 경에는 산악스키를 이용해 등정을 시도하면 한결 수월하다.

리스캄을 배경으로 몬테 로자를 오르고 있다.

몬테 로자 산장에서 고르너 빙하와 마터호른을 지켜보며 늦은 오후를 즐기고 있다.

오트 루트 이틀째. 구간인 발므
고개 민들레 꽃밭에서.

Chamonix-Zermatt Haute Route
4-샤모니-체르마트 오트 루트

오트 루트 10일째 구간인 소르브와 고개를 넘고 있다.

샤모니-체르마트 오트 루트

알프스 최고봉 몽블랑 자락에서부터 가장 우아하고 유명한 봉우리 마터호른 자락까지 걷는 오트 루트는 꿈의 트레킹 코스라 해도 과언이 아니다. 180킬로미터 이상의 거리에, 적어도 11개의 고개들을 넘으면서 (총 등행고도가 에베레스트 높이의 1.5배나 되는) 12000미터를 오르고 10000미터를 내려야 하는 장대한 코스이다. 고개를 하나씩 넘을 때마다 극적인 풍광들을 마주하면서 알프스의 거의 모든 4000미터 명봉들을 확인할 수 있으며 샤모니와 체르마트라는 세계적인 알피니즘의 메카들을 둘러보게 된다.

오트 루트는 19세기의 산악인들이 맨 처음 계획했다. 당시 그들은 여러 빙하를 건너고 고개를 넘으면서 몇몇 봉우리들을 오르기도 하며 페닌 알프스를 가로질렀는데, 상당한 모험이었다. 그러면서 20세기 초에 산악스키어들이 오트 루트를 완성했다. 그리고 매년 유능한 산악스키어들이 오트 루트를 횡단함으로써 차츰 인기를 끌게 되었다.

그럼에도 이 책에 기술한 트레킹 오트 루트는 그들이 지나간 코스와는 다르다. 빙하가 있는 어떤 고개도 넘지 않으며 알파인 봉우리를 오르거나 심지어 3000미터 이상 오르는 고개도 없다. 더구나 전문적인 등반기술을 요하지도 않으며 전문등반장비도 필요하지 않다. 그럼에도 수많은 알파인 봉우리들의 위용을 지켜볼 수 있는 코스이다. 또한 멋진 산악도시와 알프스 전통가옥들, 야생화가 지천인 알파인 초원과 울창한 전나무 숲, 황량한 모레인 지대와 적막한 고개들을 지난다. 아울러 산양과 마모트들이 멀찌감치서 트레커를 응원할 것이다.

루트 개요

위치	몽블랑 산군(프랑스)
	페닌 알프스(스위스)
출발	샤모니
종착지	체르마트
총 거리	180km 이상
소요일	12~14일
최고 고도	2965m
숙박	산장 및 호텔, 여행자 숙소와 캠핑
난이도	어려움

 초창기의 샤모니-체르마트 오트 루트는 100여년 전부터 개척된 길인데, 초창기 루트는 빙하가 있는 높은 고개들을 넘는 일종의 등산이었다. 요즘도 눈덮인 고개들을 넘는 두 개의 오트 루트 횡단코스가 있는데, 1800년대 중반부터 산악인들이 시도한 코스들이다. 물론 모두 여름에 그런 시도들을 했다. 당시에는 산장이라곤 없었으며 모든 식량과 잠자리를 지고 움직여야 했기에 상당한 모험이었다. 하지만 19세기 말에 알프스에 스키가 보급되면서 새로운 시도가 이루어졌다. 1897년에 베르너 알프스에서 첫 스키투어가 있었고 곧이어 몬테 로자(1898년)나 브라이트호른(1899년), 스트라호른(1901년) 같은 주요 봉우리들이 스키를 이용한 산악인들에게 등정되었다. 오트 루트도 겨울(혹은 봄)에 스키투어로 횡단하는 건 시간문제였다.

 1903년에 페닌 알프스에서 첫 스키횡단이 시도되었지만 실패하고 그 후 몇 번 더 실패했다. 하지만 1911년에 쿠르트 일행 다섯이 부르고 생 피에르에서 체르마트까지 성공적으로 동계투어를 마쳤다. 이로써 오리지널 오트 루트가 스키투어 루트로 자리매김하였다. 샤모니-체르마트 횡단여행은 일반적으로 겨울(혹은 봄철) 횡단여행으로 알려져 오늘날에도 많은 스키어들이 자신들의 열정을 쏟아붓는 코스가 되었다.

 하지만 또다른 샤모니-체르마트 오트 루트가 있는데, 이것은 훨씬 더 고전적인 루트로서 3000미터 이상의 고개를 넘지도 않고 특별한 등반기술이 필요하지도 않다. 또한 가로지를 빙하도 없지만 멋진 알파인 봉우리들을 지켜볼 수 있는 코스이다. 바로 이 책에서 소개하는 코스이다.

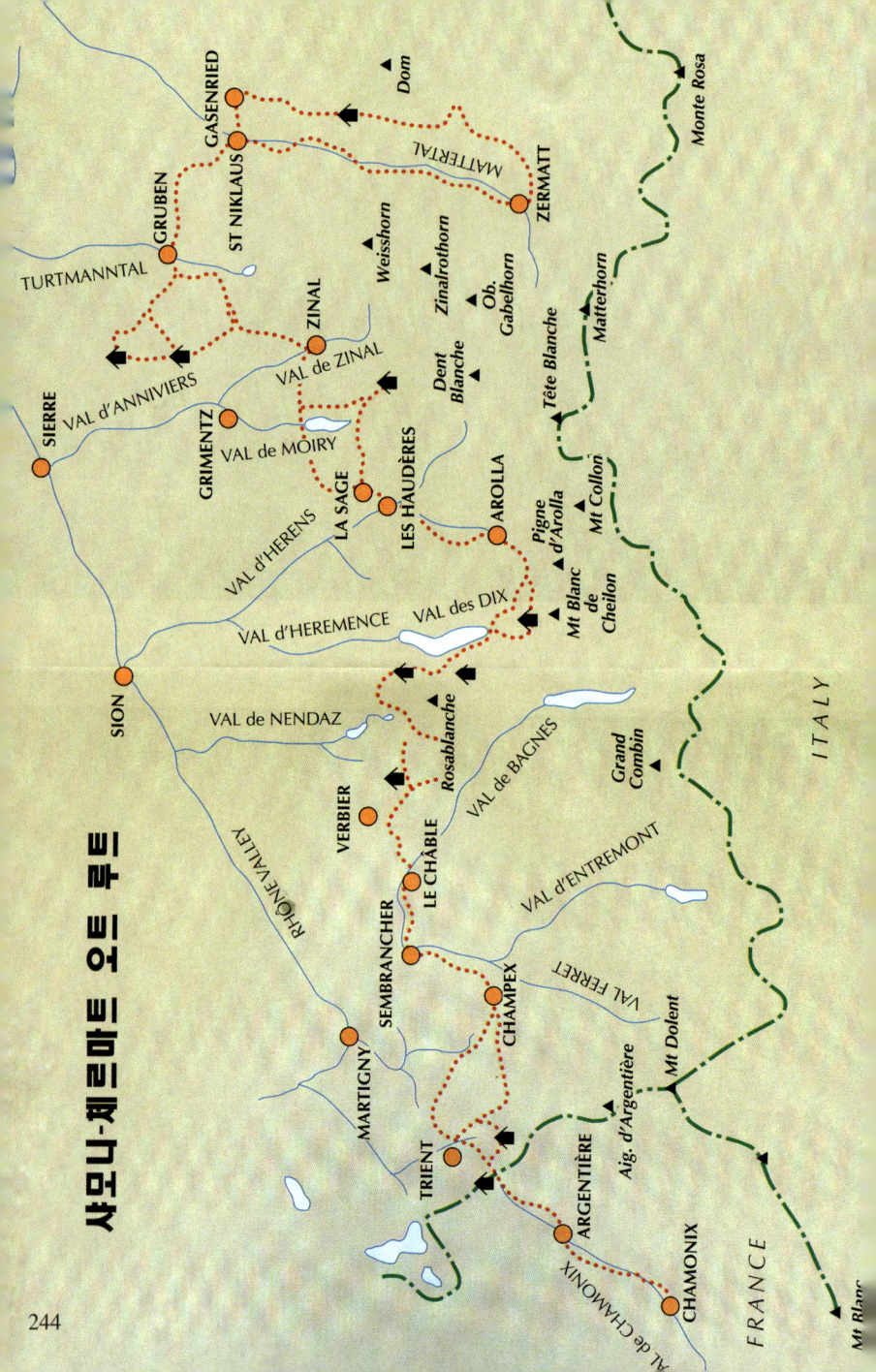

좌측 페이지의 지도를 살피면 알겠지만 몽블랑 자락에서 시작한 오트 루트는 프랑스에서 국경을 넘어 스위스 페닌 알프스의 심장으로 뛰어든다. 각 구간들은 그 자신만의 특징과 풍경, 분위기를 품고 있다. 물론 트레커들이 걸어가며 마주치는 풍경은 주로 산봉우리들이다. 그 각각의 봉우리들이 모여 알프스 산맥을 형성한 것이다.

그 첫째가 몽블랑 산군으로서 눈과 얼음을 배경으로 하늘을 꿰뚫을듯 솟아있는 침봉들이 도열해 있다. 사람들이 사는 계곡 언저리에서 보면 믿을 수 없을 정도로 높고 멀게 보이는 알프스의 군주는 아침저녁으로 그 화려함을 드러내면서 샤모니에서 출발한 트레커에게 며칠간 자신의 모습에 눈을 떼지 못하게 만든다. 그 다음은 몽블랑과 어깨를 겨룰만한 그랑 콤뱅이다. 바그네 계곡 위에 우뚝 솟은 콤뱅 역시 거대한 산으로서 트레커가 며칠간 걷는 구간 내내 자신의 존재를 드러낸다.

이후 풍경은 회색빛 빙하 아래 광활한 너덜바위 지대를 통과하면서 여러 고개들을 넘는데, 황량한 적막감마저 느끼게 한다. 하지만 아롤라에 닿기 전, 딕스 호수의 아름다움은 그런 기분을 일시에 씻어준다. 당 블랑쉬 아래 거대한 아이스폴과 굽이치는 빙하물이 흘러내려 만들어진 인공호수가 있는 므와리 계곡도 멋진 풍경을 자랑한다. 므와리 호수에서 소르브와 고개 너머 지날까지 내려오는 길 내내 보이는 바이스호른의 자태도 일품이다. 아담한 그루번에서는 마치 19세기로 시간여행을 한 듯한 착각마저 드는데, 그 위로 다시 한번 웅장한 바이스호른이 모습을 드러낸다. 무엇보다 최고의 경관 중 한 구간은 아우그스트보드 고개 넘어서다. 몬테 로자와 마터호른 사이의 여러 빙하들이 흘러들어 형성된 계곡을 따라 오르면서 오트 루트의 마지막 구간에서 트레커들은 알프스의 속살을 생생하게 체험하게 될 것이다.

이 책은 오트 루트를 크게 14구간으로 나눴지만 그보다 짧거나 길게 트레킹할 수도 있다. 몇몇 구간에서는 버스나 열차, 리프트를 이용하여 자신의 체력이나 시간 여유에 맞춰 트레킹 여행을 즐길 수 있다. 이 책은 개략적인 안내도일 뿐이기에 참고사항으로만 이용해주기 바라며 이후 보다 상세한 오트 루트에 대한 기록이 나올 수 있기를 바란다.

1 구간 샤모니-아르장티에르

출발지	샤모니
출발지 교통	제네바나 파리 등 주요도시에서 기차나 차량 이용 가능
출발지 고도	1037m
도착지	아르장티에르
도착지 교통	제네바, 파리 등 주요도시와 샤모니에서 기차나 차량 이용.
도착지 고도	1251m
등행 높이	214m
하행 높이	0m
거리	9km
시간	2시간
최고 고도	아르장티에르 1251m
편의시설	샤모니와 아르장티에르에 대부분의 편의시설들이 있다.
선택교통편	샤모니-아르장티에르 : 열차나 버스
숙박	샤모니, 레 프라, 아르장티에르 : 호텔, 여행자 숙소, 캠핑장 등의 시설들.

오트 루트를 시작하는 아주 짧은 이 구간은 샤모니에 늦게 도착하여 오후에 몇 시간이라도 걷고 싶은 트레커에게 권할 만하다. 물론 샤모니에 일찍 도착하거나 체력이 허락하면 발므 고개를 넘어 트리앙까지 가는 8시간 코스인 다음 구간(아르장티에르-트리앙)을 병행하면 된다.

이 구간은 고개 하나 넘지 않고 계곡을 따라 오르는 짧은 코스다. 그렇지만 오르막을 약간 오르는 즐거운 계곡길이다. 시작은 관광객으로 붐비는 샤모니 시내의 거리에서 하지만 국립등산스키학교(ENSA) 운동장 바로 뒤부터 숲속으로 이어진다. 몽블랑을 등지고 계곡 위로 향하는 트레커 앞에는 대포알처럼 생긴 화강암 침봉 드뤼가 솟아 있다. 30분쯤 걸어 메르 더 그라스에서 흘러내리는 급류 아르베이용 하천을 건너면 레 프라 마을이다.

레 프라의 중심지에 있는 교회에서 바라보는 드뤼 및 샤모니 침봉들의 풍경도 일품이다. 길은 골프장 입구로 들어가 좌측 숲으로 이어진다. 어린이들의 숲속 놀이터인 당나귀 공원 옆 아름드리 전나무들 아래로 평탄한 길이 나 있다. 맑은 물이 흐르는 계곡가에 앉아 잠시 땀을 식힌 후 약간의 오르막을 올라 아르장티에르로 이어지는 본격적인 오솔길에 접어든다. 숲 사이로 간간이 트이는 하늘 위로 솟은 봉우리들을 보며 또다른 산악도시 아르장티에르에 이른다.

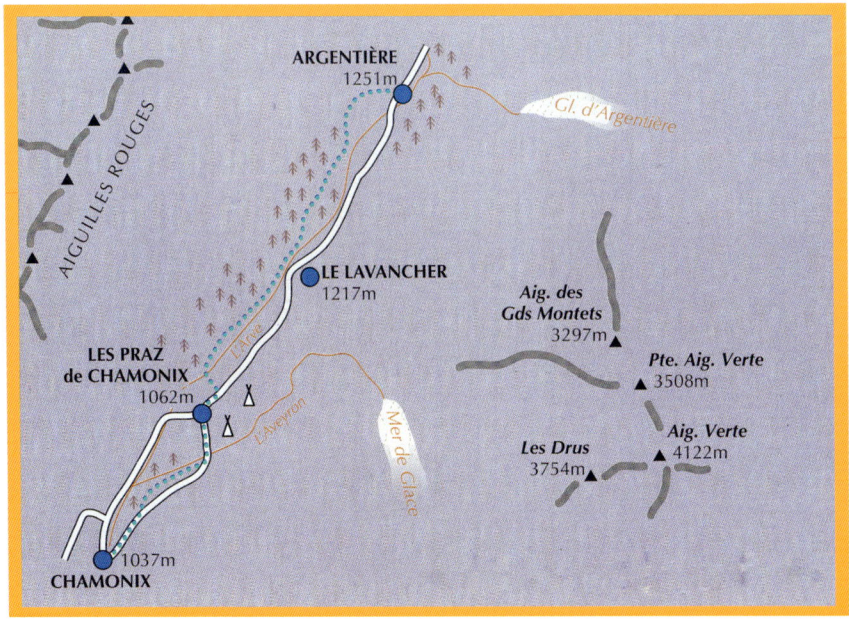

 1741년 당시 아주 작은 산골이었던 샤모니는 리차드와 윌리엄이 다녀가고 '알프스의 빙하와 얼음'이라는 책을 낸 이후 수많은 이들이 찾으면서 날로 번성하였다. 오늘날에는 매년 수백만의 관광객이 방문하는 세계 최고의 산악 휴양도시가 되었다.
 계곡을 따라 오르는 이 구간은 특히 여름에는 많은 이들이 찾는다. 아울러 몽블랑 일주와 겹치는 샹페까지 세 구간에서의 숙박은 사전에 전화로 예약하는 것이 좋다.

 지도에 소개한 샤모니-아르장티에르 구간은 가장 짧고 편한 길이다. 이외에도 변형 코스들이 있다.
 레 프라 마을에서 브와 숲으로 들어서서 메르 더 그라스 하단 아르베이용 협곡 전망대에 오른다. 빙하가 화강암 바위벽을 깎아 생긴 협곡 아래에 흐르는 급류가 시원하다. 다시 전나무 숲을 횡단하여 라방쉐 마을에 들어선다. 조용한 산간마을 중심을 지나 마을 우측 위 풀밭으로 난 길을 따라가면 아르장티에르에 이르는 산허리길이 나온다. 전나무 숲속에 난 완만한 길인데, 시원한 그늘 아래를 걸을 수 있는 멋진 길(프티 노르 발콩 코스)이다.
 한편 몽블랑 산군의 침봉들을 좀 더 가까이서 지켜보고 싶다면 계곡 서쪽 언덕으로 오르면 된다. 브레방이나 플레제르 전망대까지 케이블카를 이용하거나 두 시간 정도 걸어 오르면 몽블랑 산군의 파노라마가 한눈에 들어온다. 플레제르 전망대에서 락 블랑 아래로 산허리길을 걸으면 삼거리가 나오는데, 아르장티에르로 하산하는 길이 있다.

샤모니에서 아르장티에르에 이르는 길은 크게 세 가지가 있다. 계곡 좌우측 숲속 길과 서쪽 언덕(에귀 루즈) 플레제르로 올라 하산하는 길이다.

샤모니 시내 국립등산스키학교(ENSA) 뒤편 공터에서 시작하는 길은 곧장 숲으로 이어진다.

눈덮인 몽블랑을 위로 하고 화강암 침봉 드뤼를 앞에 두고 걷는다.

레 프라 마을 옆 숲에서 본 몽블랑 산군의 침봉들. 그레퐁, 블라티에르, 플랑 등이 솟아 있다.

레 프라의 교회 뒤로 솟아
있는 드뤼와 베르트

레 프라 마을의 굴다리. 위로 샤모니 계곡을 오가는 산악열차 몽블랑 익스프레스가 다닌다.

계곡 아래를 따라가는 이 코스에는 울창한
전나무 숲 사이로 난 평탄한 길이 많다.

2 구간 아르장티에르-발므 고개-트리앙

출발지	아르장티에르
출발지 교통	제네바나 파리 등 주요도시에서 기차나 차량 이용 가능
출발지 고도	1251m
도착지	트리앙
도착지 교통	스위스 마티니에서 버스 운행, 아르장티에르서 차량
도착지 고도	1279m
등행 높이	953m
하행 높이	925m
거리	12km
시간	6시간
최고 고도	발므 고개 2204m
숙박	아르장티에르:호텔, 도미토리, 캠핑. 투르(1시간30분):도미토리, 발므 고개 산장(3시간), 페티(5시간30분):도미토리 캠핑, 트리앙:도미토리
선택교통편	아르장티에르-투르 : 버스, 투르-발므 고개 : 리프트

첫날 하루내내 걷고 싶다면 샤모니에서 트리앙까지 하루만에 걷는 일정을 잡으면 하루를 절약할 수 있고 상대적으로 덜 힘들다. 900미터 이상 오르내리기는 하지만 발므 고갯길은 험하지 않아 트레킹 환경에 몸을 적응시키기 좋은 구간이다. 고개에 이르는 내내 뒤를 돌아보면 샤모니 계곡이 한눈에 들어오는데, 몽블랑과 침봉들이 하늘을 향해 도열해 있는 광경을 보게 된다. 발므 고개 쪽은 몽블랑 산군의 파노라마를 가장 잘 지켜볼 수 있는 곳이라 시간 여유만 있다면 발므 산장에서 30분 거리인 발므 언덕에 올라볼 만하다.

발므 고개를 기점으로 프랑스와 스위스의 국경이 나뉘는데, 고개 너머로는 (체르마트까지) 줄곧 스위스 땅이다. 이후 간혹 서쪽으로 시선을 돌리면 눈덮인 알프스 최고봉 몽블랑의 자태에 감탄하지만 이제 몽블랑 산군을 뒤로 하고 스위스의 산골에 접어들어야 한다.

발므 고개에서 트리앙 계곡으로 내려가면 목초가 풍성한 초록의 지대가 펼쳐져 있다. 주변에는 (샤모니 쪽에 비견할 만한) 큰 봉우리나 눈, 바위벽이라곤 없지만 고개에서 내려가는 길은 아름다우며 저 멀리 펼쳐져 있는 일련의 봉우리들은 베르너 알프스의 장대함을 보여준다.

이 구간은 몽블랑 일주와 겹치는 구간이 많아 하루내내 트레커들과 마주칠 기회가 많다. 산에서 만나는 이들은 모두 반갑기에 서로 인사를 나누는 즐거움도 크다.

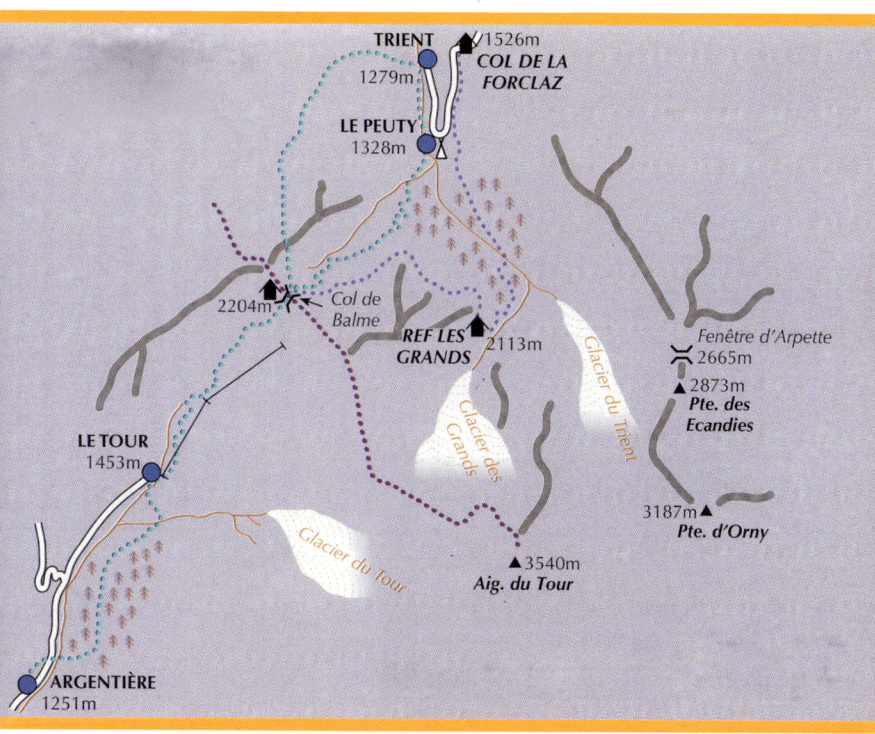

 아르장티에르 중심가, 관광정보센터에서 동쪽으로 시내를 가로지르면 기차선로 밑을 지나 숲으로 길이 이어진다. 이 길은 곧 프티 발콩 노르와 만난다. 이후 길은 전나무 아래로 난 계곡 위, 즉 북쪽으로 나 있다. 한 시간쯤 걷다보면 투르 마을이 보이며 우측 위에 투르 빙하가 나타난다. 이후 곤도라 아래로 이어진 산길을 따라 오르면 발므 고개이다.

 발므 고개에서 트리앙으로 내려가는 길은 크게 3개가 있다. 곧장 하산해 페티를 경유하는 길도 있으며 발므 고개에서 15분 정도 거리의 좌측 언덕으로 올라 하산하는 길도 있다. 그리고 가장 오른편 길이 있는데, 고개에서 한동안 산허리길을 돌아 그랑드 산장을 경유해 트리앙으로 내려가는 길이다. 이 외에 하나 더 있는데, 지도 훨씬 왼편으로 돌아가는 길로서 에모송 댐이 보이는 산허리길이다. 어느 길을 가든 두세 시간은 넉넉히 잡아야 한다.

Le Tour : Chalet Alpin du Tour(CAF gite)   04505416
Refuge col de Balme   0450540233
Le Peuty : Refuge du Peuty   027 722 0938
Trient : Relais du Mont Blanc 027 722 4623 http://montblanc.voila.net / gite la Gardienne 027 722 1240 www.lagardienne.ch

라방쉐 마을에서 본 발므 고개쪽 모습

아르장티에르에서 투르에 이르는 길

투르 바로 위에서 내려다본 풍경.
몽블랑에서 보송 빙하가 흘러내리고 있다.

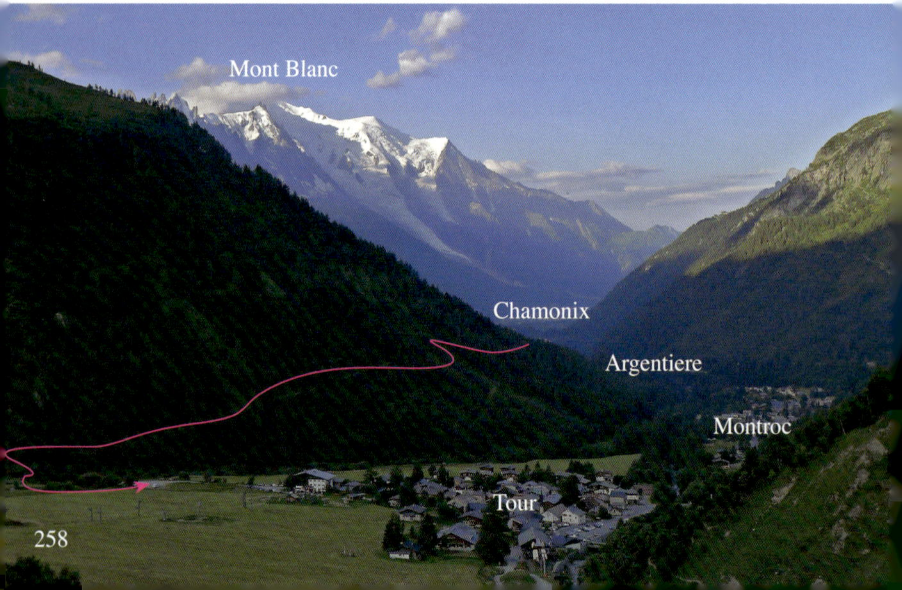

몽블랑 일주 마라톤 참가자들이 투르 마을을 지나고 있다.

콜 데 몽테 아래, 투르 옆 마을인 트레 러 샹 마을에도
하룻밤 묵어가기 좋은 여행자 숙소(Gite)가 있다.

Mont Blanc

Trelechamp

Chamonix

Tour

몽블랑 일주 트레커들이 투르에서 발므 고개로 오르고 있다.
트레킹 가이드가 맨앞에서 짐을 실은 당나귀를 끌고 있다.

발므 고개에 오르는 길은 남녀노소 누구나 부담 없이 오를 수 있는 길이다.

Verte

Dru

Mont Blanc

Chamonix

발므 고개에서는 몽블랑 산군의 파노라마를 한눈에 볼 수 있다.

프랑스와 스위스의 국경선상에 있는 발므 산장

많은 트레커들이 찾고 있는 발므 산장 너머로 몽블랑 산군이 펼쳐져 있다. 이후 작별을 고해야 한다.

콜 데 몽테 쪽에서 올라와 본
발므 언덕과 발므 고개 쪽 모습

Tete de Balme
Col de Balme
Col des Posettes

왼편 언덕을 넘어가면 트리앙으로 내려가는 길이다.

발므 언덕에서 본 트리앙 쪽 풍경.
저 멀리 베르너 산군이 희미하게 보인다.

트레커 뒤, 트리앙으로 내려가는 길이
구름 속으로 사라진다.

Arpette 고개

Les Grands

Trient

발므 고개 산장 옆 국경표지석이 있는 지점에서
트리앙으로 내려가는 하산길이 갈라진다.

오른편 산허리길을 따라가면 그랑드 산장을 경유하고
중간으로 곧장 내려가면 페티를 거쳐 트리앙에 닿는다.

발므 고개에서 트리앙으로 바로 내려가는 길은
산악자전거 마니아들도 즐겨 이용한다.

트리앙 위, 아침햇살을 받은 포르크라 고개가 살짝 보인다.
다음 구간인 샹페에 이르는 또 다른 길이다.

그랑드 산장은 트리앙을 거치지 않고 다음 구간으로 넘어갈 때
이용할 수 있는 보다 짧은 거리에 있는 산장이다.

그랑드 산장에서 다르페트 고개 쪽 모습.
다음날 넘어야 하는 험한 고갯길이다.

다르페트 고개

양지바른 사면에 아담하게 자리한 그랑드 산장. 개인 소유의 작은 산장이라 산장지기가 없는 경우도 있다. 숙박하려면 산장에 가기 전에 미리 연락을 하거나 식량을 준비해 가야 한다.

그랑드 산장 아래, 바위절벽을 뚫고 낸 통로.

3 구간   트리앙-다르페트 고개-샹페

출발지	트리앙
출발지 교통	스위스 마티니에서 버스 운행, 아르장티에르에서 차량
출발지 고도	1279m
도착지	샹페
도착지 교통	스위스 마티니에서 기차로 이동후 버스 이용, 차도 이용.
도착지 고도	1466m
등행 높이	1386m
하행 높이	1199m
거리	14km
시간	8시간
최고 고도	다르페트 고개 2,665m
숙박	아르페트와 샹페:호텔, 도미토리, 캠핑.
선택교통편	버스(트리앙-포르크라 고개-마티니)
	열차(마티니-오르지에르)
	버스(오르지에르-샹페)

제법 높은 다르페트 고개를 넘는 이 구간은 오트 루트 전 일정 중에서 가장 힘든 구간 중 하나다. 그러나 고개로 오르는 내내 트리앙 빙하의 아이스폴을 눈앞에 두고 걷기에 아주 흥미롭다. 반면 반대편으로 어느 정도 돌길을 걸어내린 후 숲을 빠져나오면 멋진 알파인 초원이 펼쳐져 있다. 이러한 풍경의 극적인 변화들이 오트 루트 트레커들에게 즐거움을 준다.
트리앙에서 마을 중심에 위치한 교회 뒤로 한동안 계곡을 끼고 오른다. 한 시간 반 정도 오르면 휴게소(Chalet du Glacier 1583m)에 이르며 이후 본격적인 오르막에 접어든다. 고개로 오르는 길은 지그재그로 이어지며 가파르지만 아주 잘 나 있다. 하지만 고개 너머로 하산할 경우 처음 얼마간은 큰 바위들 위로 나 있는 돌길이라 조심해야 한다. 이런 오지에서 발목이라도 삐면 위급상황까지 갈 수 있기 때문이다. 한편 계곡 아래 숲에 이르면 잡목 사이로 난 길이 급류에 유실되어 하산길이 불투명할 수 있으니 유의해야 한다.
숲을 빠져나오면 넓은 풀밭이 반겨준다. 이어 목장을 지나 전나무 숲에 접어들어 깨끗한 수로를 따라 걸어 내린다. 마지막으로 샹페에 들어서면 창가를 온갖 꽃들로 장식한 멋진 샬레들이 눈에 들어온다. 스위스에서 가장 멋진 알파인 정원으로 꾸며 놓았다는 아담한 산악휴양지 샹페는 험한 고갯길을 넘어온 나그네에게 보상 그 이상일 것이다.

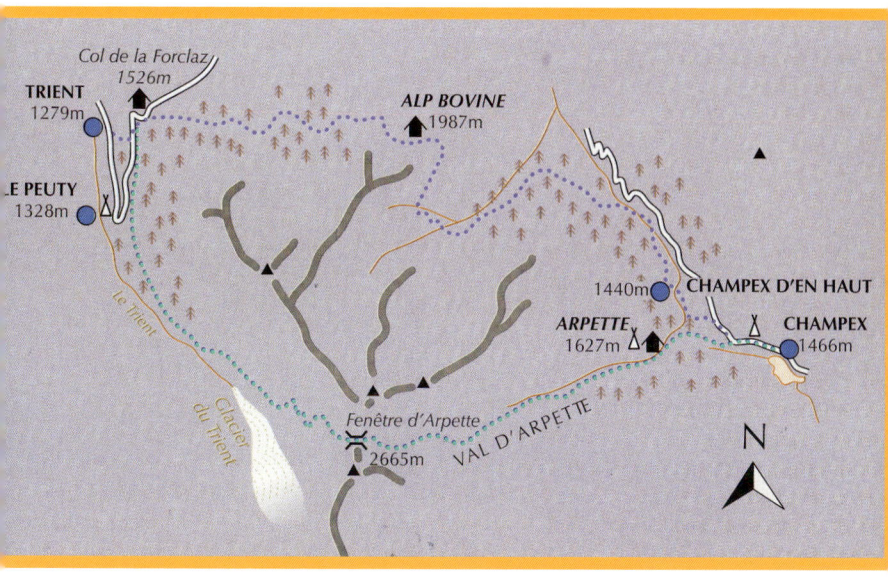

포르크라 고개-보빈느 경유

출발지	트리앙
출발지 고도	1279m
도착지	샹페
도착지 고도	1466m
등행 높이	929m
하행 높이	710m
거리	16km
시간	6시간
최고 고도	2040m(알프 보빈느 위)
선택교통편	버스(트리앙-포르크라 고개-마티니)
	열차(마티니-오르지에르)
	버스(오르지에르-샹페)

 한편 트리앙에서 다르페트 고개를 넘지 않고 샹페로 가는 길이 있다. 알프 보빈느를 지나는 이 길은 포르크라 고개에서 시작한다. 이 길은 전체적으로 다르페트 고개에 비해 완만하고 덜 힘들어 날씨가 나쁜 경우에 이용하는 이들이 많다. 풍경의 변화가 극적이지 않을거라 하여 이 길이 지루하다거나 재미가 없다고 여겨서는 안 된다. 그와는 달리 전나무 숲길을 지나 알파인 초원을 가로지르고 발 아래 론 계곡과 그 위 북쪽으로 저 멀리 펼쳐져 있는 베르너 산군이 한눈에 보인다. 몽블랑 일주 트레커들도 많이 이용하는 길이다.

다르페트 고개 경유

트리앙 계곡 위(나무다리) 삼거리

트리앙 빙하에서 흘러내리는 급류

트리앙 빙하를 배경으로 다르페트 고개에서 내려오는 트레커

트리앙 빙하 끝자락의 세락은 가끔 굉장한 소리를 내며 무너져 내린다. 트리앙에서 여기까지만 피서를 오는 트레커들도 있다.

다르페토 고개로 오르는 길은
차츰 경사가 심해진다.

다르페토 고개

고개에서 내려오는 부부 트레커

다르페트 고개

마지막 구간은 너덜바위지대이다.

고개 정상
트리앙에서 4시간 이상 걸린다.

트리앙에서 샹페 쪽으로 본 풍경.
고개 아래는 너덜바위지대라 발을 조심해야
하며 개울이 흐르는 계곡 중간 지점에서는
길이 유실되어 있는 경우가 많다.

고개 아래 풀밭에서 다르페트 고개 쪽으로 본 모습

트리앙-샹페   포르크라 고개-보빈느 경유

포르크라 고개에서 뒤편 숲속을 끼고 돌아오르면 보빈느가 나온다.

샹페에는 호텔과 여행자숙소,
캠핑장이 있다.

보빈느 가까운 알파인 풀밭은 경사가 완만하다.

인공호수를 끼고 있는 샹페

Col de la Forclaz(1562m) : www.coldelaforclaz.ch 룸, 도미토리, 캠핑.
Relais d'Arpette(1627m) : 여행자숙소, 캠핑.
027 783 1221 www.arpette.ch
Champex :
Pension En Plein Air 여행자숙소, 027 783 2350 www.pensionenplein-air.ch / Au Club Alpin 여행자숙소, 027 783 1161 www.auclubalpin.ch / Au Rendez-vous 027 783 1640

4 구간 샹페-러 샤블

출발지	샹페
출발지 교통	스위스 마티니에서 기차로 이동후 버스 이용, 차도 이용.
출발지 고도	1466m
도착지	샤블
도착지 교통	스위스 마티니에서 기차로 이동 후 버스 이용, 차도 이용.
도착지 고도	821m
등행 높이	104m
하행 높이	749m
거리	13km
시간	4시간
최저 고도	상브랑쉬 717m
숙박	상브랑쉬 : 호텔, 캠핑.
	샤블 : 호텔, 팬션, b&b.
선택교통편	버스(샹페-오르지에르)
	열차(오르지에르-상브랑쉬-샤블)

　마티니에서 상브랑쉬와 샤블을 거쳐 이탈리아와 스위스 국경인 생 베르나르 고개로 이어지는 계곡은 아주 먼 옛날 한니발이 코끼리를 몰고 알프스 산맥을 넘었던 길이다. 그후 나폴레옹 또한 넘은 길이기도 하며, 많은 산들로 둘러싸인 매력적인 계곡길이다.

　샹페에서부터 길은 몽블랑 일주 코스와 갈라져 한산하게 걸을 수 있다. 우선 호수를 따라 남동으로 마을 끝까지 가 벨드레드 호텔로 가는 길을 따른다. 이후 몇 구비를 돌아내려 상브랑쉬행 이정표를 만난다. 도중에 세 레 리우즈(Che les Reuse 1158m) 위에서 마을로 들어가지 말고 계속해서 길을 따라 내리면 수 라 러(Sous la Le 1032m)와 라 가르드(la Garde 900m) 두 마을을 지나게 된다. 이후 완만한 언덕길을 걸어내린 후 상브랑쉬에 이른다. 매력적인 작은 광장 주변에 돌로 지은 집들이 많은 상브랑쉬는 잠시 쉬어가기 좋은 마을이다. 여기서 열차나 버스 등 대중교통을 이용해 어디든 갈 수 있다.

　이후 아름다운 계곡을 끼고 올라 샤블에 이른다. 이 구간은 반나절 트레킹 코스로서 전날의 피로를 풀며 걷기 좋다. 넘어야 하는 높은 고개나 가로질러야 할 빙하라곤 없는 구간이라 다소 따분할 수도 있지만 여행안내 책자에선 볼 수 없는 스위스 산골을 느껴볼 수 있는 트레킹 구간이다. 관광화 된 산악휴양지의 분위기라곤 찾을 수 없는, 알파인 언덕을 따라 정성스럽게 개간한 밭과 작은 농가와 목장들의 전원풍경을 마주치게 될 것이다.

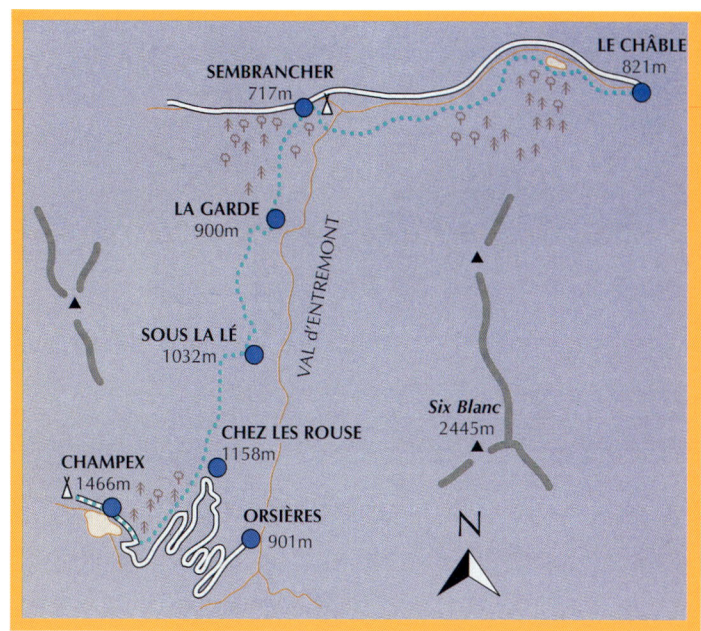

  마음만 먹는다면 샹페에서 샤블까지 반나절이면 닿을 수 있는 거리다. 하지만 다음 구간의 목적지인 몽 포트 산장까지 오후에 가려면 너무 멀기에 서두르지 않는 게 좋다. 하산길에 피로한 다리도 쉴겸 상브랑쉬에서 커피 한 잔을 마시는 여유도 가져봄직하다. 그런 후 천천히 계곡을 따라 올라 샤블에 도착해 다음날의 산행에 대비하는 것이 좋다.

  물론 시간 여유가 없을 경우 대중교통을 이용해 다음 구간으로 이동하면 된다. 샤블에서 버스나 케이블카로 베르비에로 이동하여 몽 포트 산장으로 가면 하루를 벌기 때문이다. 물론 샹페에서부터 버스를 타고 오르지에르로 가 열차를 타고 샤블에 도착해 몽 포트 산장으로 오르면 시간을 더 절약할 수 있다.

---

le Chable(821m) : 여러 숙박업소들과 상점, 식당, 은행 등이 있으며 베르비에까지 버스나 케이블카 운행, 마티니까지 열차 운행함.
관광정보센터(www.verbier.ch)
저렴한 숙소들 : Hotel la Poste(027 776 1169), Max & Millie' B&B(027 776 4007 www.bedandbreakfastverbier.com), Hotel du Gietroz(027 776 1184), Hotel la Ruinette(027 776 1352)

몽 포트 산장에 가기 전, 베르비에 쪽에서 본 샹페와 러 샤블 쪽 풍경이다.

Le Chable

5 구간   러 샤블-몽 포트 산장

출발지	샤블
출발지 교통	스위스 마티니에서 기차, 차도 이용 가능.
출발지 고도	821m
도착지	몽 포트 산장
도착지 교통	도보
도착지 고도	2457m
등행 높이	1636m
하행 높이	0m
거리	9km
시간	7시간
숙박	몽 포트 산장(스위스 산악회 소유)
선택교통편	버스(샤블-베르비에)
	곤도라 리프트(샤블-베르비에-레 뤼네트)

  샤블에서 몽 포트 산장 가는 길은 지도만 얼핏 보면 가파르게 휘어지며 오르거나 지그재그 길이 없는 것 같아 보인다. 하지만 좁고 가끔은 아주 가파른, 그러나 흥미로운 오솔길이 이어져 즐겁게 오를 수 있는 트레킹 구간이다. 아담한 예배당도 있고 멋진 산골마을도 지난다. 한낮의 더위를 식혀주는 긴 전나무 숲도 있으며 마지막으로 알파인 지대의 풀밭에 올라서면 장대한 풍경이 펼쳐진다. 서쪽 저멀리 이제껏 떠나온 몽블랑 산군의 파노라마가 보이고 남쪽으로는 눈덮인 거대한 산괴 그랑 콤뱅이 반겨준다. 꽤나 높은 고도를 올라야 하기에 일찍 출발하는 게 좋다. 시간 여유가 있으면 즐겁게 오를 수 있는 구간이다. 출발하기에 앞서 몽 포트 산장에 전화하여 잠자리를 예약할 필요가 있다.

  트레킹로는 가능한 한 현대적인 시설물을 피해 나 있다. 그러나 바로 위에 위치한 베르비에가 워낙 유명한 스키 휴양지이기에 모든 스키시설물들을 피할 수는 없다. 리프트와 곤도라의 케이블선이 여기저기 산비탈에 세워져 있어 겨울스포츠의 천국을 만들어 자연을 훼손시킨다고 개탄하는 이들도 있다. 그렇지만 다행히 트레커들을 위한 오솔길은 케이블과 철탑, 스키 슬로프 등과 동떨어져 있다.

  이 구간에서부터 그랑 콤뱅이 자신의 영향력을 과시하고 있다. 눈덮인 이 거대한 산괴는 주변 모든 계곡을 아우른다. 그랑 콤뱅은 페닌 알프스에서 가장 서쪽에 위치한 아주 매력적인 4000미터급 봉우리인데, 여러

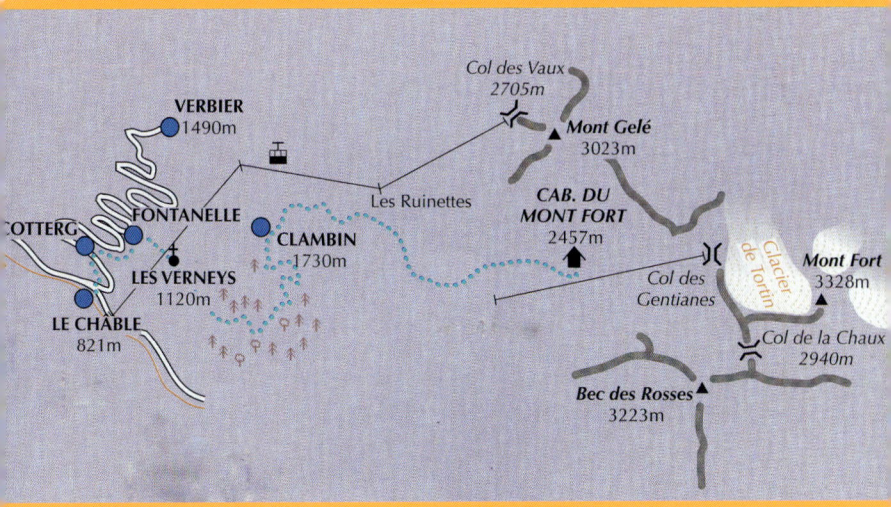

위성봉을 두고 있다. 덩치 큰 이 봉우리 자락에는 여러 빙하들이 흘러내리고 있으며 앞으로 며칠간 더 트레킹하는 동안에도 자신의 존재를 확인시켜준다. 비록 그랑 콤벵 쪽으로 길이 나 있지는 않지만 장대한 규모 때문에 오트 루트 트레커들은 몽블랑과 같은 인상을 받을 것이다.

샤블에서 가파른 오르막을 오르기 전에 체력을 점검하는 것이 좋다. 체력에 자신이 없거나 시간을 절약하기 위해선 샤블에서 베르비에 행 케이블카나 버스를 탄 후 곤도라를 이용해 레 뤼네트(Les Ruinettes 2195m)까지 가는 방법이 있다. 여기서 몽 포트 산장까지는 완만한 알파인 풀밭 사이로 난 산판도로와 산허리를 도는 오솔길이 잘 나 있어 쉽게 산장에 닿을 수 있다.

Cabane du Mont Fort(2457m) : 027 778 1384
www.cabanemontfort.ch

클랑벵(1730m)을 지나 알파인 지대 풀밭에서부터 동남쪽으로 이어지는 길에서는 그랑 콤벵을 앞에 두고 걷는다.

도중에 만난 소 떼들 너머 저 멀리 몽블랑 산군이 보인다.

스위스 산악회 소유의 몽 포트 산장은 서쪽으로 몽블랑 산군의 파노라마가 한 눈에 보이며 남쪽 바로 가까이에 그랑 콤벵의 웅장함을 볼 수 있다. 리프트로 쉽게 갈 수 있어 많은 이들이 찾는다. 이용하려면 미리 예약하는 것이 좋다.

6 구간　몽 포트 산장-프라프레리 산장

쇼 고개(Col de la Chaux) 경유

출발지	몽 포트 산장
출발지 교통	샤블-베르비에 : 버스 혹은 리프트, 한 시간 반 도보.
출발지 고도	2457m
도착지	프라프레리 산장
도착지 교통	도보
도착지 고도	2624m
등행 높이	885m
하행 높이	740m
거리	10km
시간	6시간
숙박	프라프레리 산장
선택교통편	없음
변형루트	샤모아 코스 : 테르멩 고개(Col Termin) 경유

　지금의 루트가 만들어지기 전에, 다음 구간인 딕스 계곡으로 가기 위해선 로자 블랑쉬 북면으로 흘러내리는 그랑 데제르 빙하를 우회했다. 우회로는 멀고 힘들었는데, 빙하가 줄어들어 한동안 크레바스의 위험없이 통행할 수 있었다. 그후 다시 빙하가 변해 크레바스의 위험이 커졌다. 하지만 요즘 빙하 아래 작은 호수의 짧은 수로를 건널 수 있게 되어 보다 빠른 길을 걸을 수 있게 되었다. 이후 펼쳐진 드넓은 돌밭길에선 페인트로 표시를 해두어 어렵지 않게 길을 찾을 수 있지만 안개가 끼거나 눈이 내릴 경우에는 조심해야 한다. 고개를 세 개 넘는 이 구간은 풍경의 변화가 크고, 거친 모레인 돌밭길을 지나면서 본격적인 알프스의 심장으로 들어선다.

　콜 더 라 쇼(Col de la Chaux)를 넘는 이 코스는 산장에서 바로 넘어가기 때문에 좀 더 짧다. 산장 위 스키 슬로프를 따라 한 시간 정도 오른 후부터 고개로 이어지는 모레인 산길에 접어드는데, 고개 아래 설사면에서 흘러내리는 빙하 녹은 물과 바위 등이 뒤엉켜 어떤 구간에서는 길이 잘 보이지 않고 발 아래 돌들이 자꾸만 흘러내려 힘들게 한다. 변형 루트인 샤모아 코스보다 시야가 트이지 않아 풍경도 못하지만 간혹 온 길을 되돌아보면 서쪽에 몽블랑 산군이 멋지게 펼쳐져 있어 위로가 된다. 고개 넘어서도 한동안 바위돌들 위를 조심해서 건너야 한다. 그렇지만 쇼 고개를 넘는 이 구간은 날씨가 나쁠 때는 샤모아 코스에 비해 길잃을 염려가 덜하다. 사전에 산장지기에게 두 코스에 대한 정보를 확인하는 게 좋다.

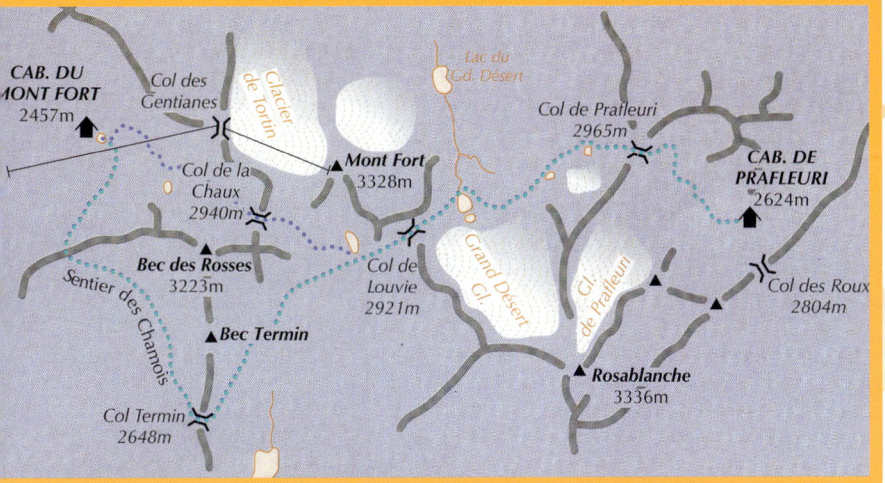

테르멩 고개(Col Termin) 경유

출발지	몽 포트 산장(2457m)
도착지	프라프레리 산장(2624m)
등행 높이	885m
하행 높이	740m
거리	10km
시간	7시간
변형루트	쇼 고개 경유 코스
기타	이 코스는 아주 길고 힘든 코스인데, 산행시간(7시간)은 휴식시간까지 합해 넉넉히 2시간은 더 걸린다. 출발전에 식수를 충분히 보충하고 산행할 때 먹을 행동식 등도 잘 챙겨야 한다. 또한 날씨가 나쁘면 길잃을 염려가 있다. 산장지기에게 사전에 문의해보는 게 좋다.

 테르멩 고개를 경유하면서 산허리를 돌아가는 이 코스는 보다 길지만 그랑 콤벵 등을 훤히 지켜보며 걸을 수 있다. 조용하게 걸으면서 주위를 살피면 길 주변에서 풀을 뜯고 있는 산양이나 샤모아 등을 만날 수 있을 것이다. 이곳은 야생동물 보호구역이기도 하다.
 어떤 루트를 택하든 이 구간은 아주 거친 알파인 지대를 통과해야 하기 때문에 이른 아침에 출발해야 한다.

Cabane de Prafleuri(2624m) : 027 281 1780 개인소유의 산장으로서 7월 초순~9월 중순까지 운영한다.

산장에서 곧장 오르는 길을 따라 쇼 고개 정상에 올라서고 있다.
저 멀리 산장이 자그마하게 보이며 몽블랑 산군이 조금 보인다.

쇼 고개에서 다 내려와 샤모아 코스와 만나는
지점 뒤로 그랑 콤뱅이 보인다.

Louvie 고개

쇼 고개에서 루비 고개로 가려면 에머랄드빛 작은 알파인 호수를 끼고 돌아 오른다.

두 번째 고개인 루비 정상. 저 멀리 몽블랑 산군이 작게 보인다. 이 고개를 넘으면 더 이상 보이지 않는다.

로자 블랑쉬(Rosablanche 3336m) 북면에 형성된 그랑 데제르 빙하 아래의 큰 호수를 끼고 돌아야 한다.

호수에서 흘러내리는 가장 폭이 좁은 지점에서 물을 건넌다. 돌이 미끄러워 조심해야 한다.

드넓은 모레인 지대를 통과해야 하기에 이렇게 큰 이정표도 있었다. 먼 곳에서는 이것도 잘 구분 안 될 정도로 작게 보였다. 안개가 낀다거나 눈이 내리는 날씨에는 주의해야 한다.

도중에 만난 이정표 뒤로 두 번째 고개인 루비 고개가 보인다.
여기까지 한 시간 이상 걸렸다.

마지막인 세 번째 고개 콜 더 프라프레리(Col de Prafleuri 2965m) 정상

프라프레리 고개 정상에서
다음 구간을 살피고 있다.

Col de Riedmatten(2919m)

Col des Roux(2804m)

Cab. de Prafleuri

프라프레리 산장 위
너덜바위지대에서

7 구간 프라프레리 산장-아롤라

출발지	프라프레리 산장
출발지 교통	도보
출발지 고도	2624m
도착지	아롤라
도착지 교통	론 계곡의 주요 도시 시옹에서 버스 및 승용차
도착지 고도	2006m
등행 높이	735m
하행 높이	1353m
거리	16km
시간	7시간
숙박	에쿨레(Ecoulaies) 산장, 라 바르마(La Barma) 산장, 아롤라 : 호텔, 도미토리 여행자 숙소, 캠핑장 등.
선택교통편	버스 : 러 샤르제르(Le Chargeur)-벡스(Vex)-아롤라
변형루트	딕스 산장 경유

주위에 돌이 많아 다소 삭막하게 보이는 프라프레리 산장에서 아롤라까지 이어지는 길은 아주 색다르다. 날씨만 좋다면 이 구간의 경관은 아마 최고일 것이다. 산장에서 30분 걸으면 오르는 루(Roux) 고개(2804m)에서 보는 풍광에 눈이 시원하다. 5km 길이의 딕스 호수 주변 알파인 초원 위로 우뚝 솟은 봉우리들이 시야에 들어온다. 그 중 가장 큰 피라미드 형상의 봉우리가 몽블랑 더 세이롱(3870m)이며 주변 봉우리들도 빼어나다. 계속 이런 봉우리들을 앞에 두고 다가가면서 리에드마텡(Riedmatten) 고개(2919m)를 넘는다. 이 고개에서 마터호른이 처음 보이는데, 이삼일 후 지날에 도착할 때까지 보이지 않는다.

고개를 두 개 넘어야 하는, 특히 리에드마텡 고개 아래의 황량한 돌밭 길이 힘든 이 구간은 알프스의 아기자기한 아름다움뿐 아니라 히말라야 같은 분위기를 느낄 수 있는 곳이기도 하다.

이른 아침에 호수 동쪽 산들에 가려 그늘진 호수 서쪽면을 따라 걷는 길은 아주 상쾌하다. 호수 끝에서 본격적인 오르막이 시작된다. 경사진 풀밭에 난 오솔길을 따라 30분 이상 오른다. 계곡을 건너는 예전의 길을 따르지 말고 딕스 산장으로 오르는 길을 계속 가야 한다. 도중에 새로 만든 다리가 있기 때문이다. 풀밭 언덕을 올라 초록빛이 사라질 때쯤 갈림길이 나온다. 리에드마텡 고개와 딕스 산장으로 가는 이정표가 있다. 산장으로 가지 말고 왼편 모레인 지대에 들어서면 곧 철로 만든 다리가 있는데, 그 아래로 엄청난 급류가 흐른다. 이후 황량한 돌밭 중간중간에 페인트로 표시를 해둔 길을 끝없이 걸어 고개에 올라선다. 고갯마루에 서면 동서로 양분된 풍경의 변화를 한 눈에 볼 수 있다. 이후 아롤라까지 긴 하산길에 접어든다.

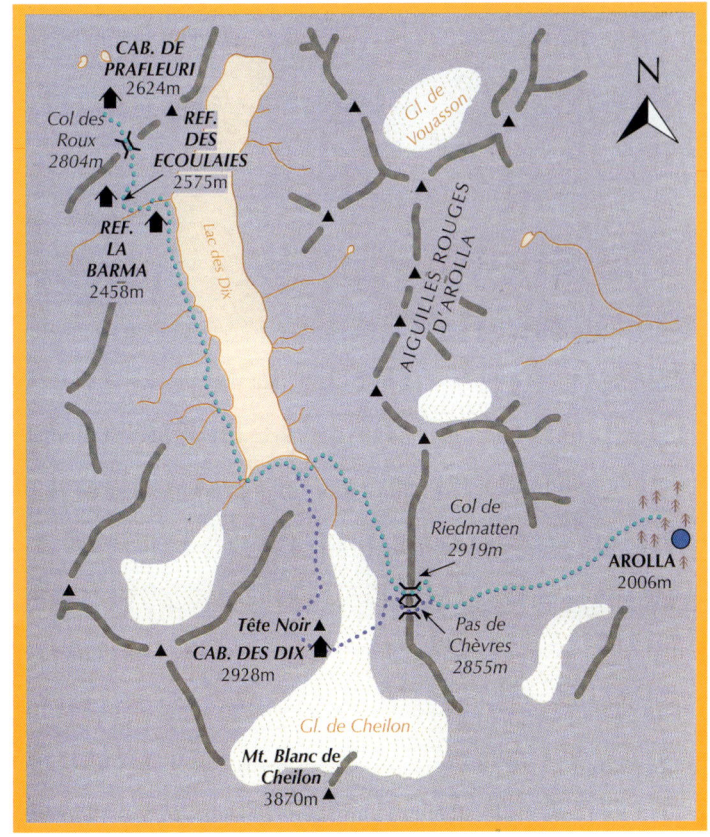

 한편 호수 위 갈림길에서 리에드마텡 고개로 가지 말고 오르막을 계속 올라 딕스 산장을 경유해도 좋다. 점심을 먹고 가기 좋은 지점이다. 시간 여유가 있다면 주변 풍광이 좋은 이 산장에서 하룻밤 묵어도 좋으며(사전예약 필수), 산장 앞으로 흐르는 세이롱 빙하를 건너 고개를 넘으면 된다. 여름에도 이 빙하에는 크레바스의 위험이 없어 많은 이들이 건넌다. 리에드마텡 고개 바로 오른편에 쉐브르(Chevres) 고개(2855m)가 있는데, 철사다리가 세 개 있다. 고개를 넘어 하산하는 길이 조금 짧다. 어느 것을 택하든 고개에서 바라보는 경치가 좋다.

Refuge des Ecoulaies(2575m):027 281 1409 www.lespyramides.ch
Refuge de La Barma(2458m):027 281 2793
Cabane des Dix(2928m):027 281 1523 스위스 산악회 몬테 로자 지부 소유의 이 산장은 트레커와 알피니스트, 산악스키어들이 찾는 알프스에서 가장 붐비는 산장으로 3월 중순~5월 말, 7월~9월 중순까지 운영하며 식사 및 잠자리를 제공한다.

프라프레리 산장에서 30분이면 오를 수 있는 루(Roux) 고개

딕스 호수로 내려가는 길은 경치가 아주 좋다. 산양이 반겨주었다.

호수가 보이는 풀밭 언덕은 알프스 최고의 풍경을 선사했다.

몽블랑 더 세이롱 및 주변 봉우리들을 배경으로 이른 아침 트레킹을 시작했다. 이런 봉우리들을 계속 앞에 두고 걷는다.

호수 옆 풀밭에서

그늘진 호숫가로 내려간다.

딕스 호수로 내려가는 길은
느낌이 좋은 흙길이다.

5km 길이의 호수 옆길은 평탄하다.
이른 아침에 산책겸 걷기 좋다.

호수 끝에서 만난 트레커. 우리와는 반대
방향으로 오트 루트를 트레킹하고 있었다.

호수 끝에서 30분 이상 올라야 갈림길이 나온다.

모레인 돌밭 곳곳에 페인트로 길표시를 잘해 두었다.

세이롱 빙하 아래의 모레인 지대. 아주 황량한 분위기가 느껴지는 곳이다.

몽블랑 더 세이통과 그 아래를 흐르는 빙하.
세이통 빙하 건너편 바위 언덕에 딕스 산장이 있다.

리에드마텡 고개 아래. 아롤라까지
줄곧 내리막이다.

아롤라 위 숲에서

8 구간 아롤라-빌라

출발지	아롤라
출발지 교통	론 계곡의 주요 도시 시옹에서 버스 운행, 승용차 가능.
출발지 고도	2006m
도착지	라 사저
도착지 교통	시옹에서 버스 및 승용차, 레조데르에서 버스.
도착지 고도	1667m
등행 높이	215m
하행 높이	554m
거리	10km
시간	4시간
숙박	아롤라 : 호텔, 도미토리 여행자 숙소, 캠핑장 등. 레조데르 : 호텔, 캠핑장. 라 사저 : 도미토리, 호텔.
선택교통편	버스(Arolla-les Hauderes-la Sage-Villa)

비록 이 구간이 거리가 짧고 하산길이 많아 상대적으로 덜 힘들다고는 하지만 라 사저나 빌라 마을을 지나 사티(Tsate) 고개나 토랑(Torrent) 고개를 넘어 적어도 다섯 시간 이상 더 걷는 계획은 빠듯한 일정이 될 수 있다. 아롤라에서 버스를 이용, 이 구간을 이동한다면 시간을 단축하여 일정을 줄일 수는 있다. 여하튼 걸어 이동하는 구간구간에도 나름은 즐길 수 있는 것들이 많다.

아롤라에서 전나무 숲을 지나 락 블루로 이어지는 길을 따르다 뒤돌아 보면 몽 콜롱의 웅장함을 볼 수 있다. 아롤라에서부터 체르마트까지의 길은 마터호른 일주 코스와 겹치기에 종종 마터호른 일주 트레커와 마주치기도 한다. 몽 콜롱 쪽은 마터호른 일주 트레커들이 지나는 고개이기도 하다. 작은 풀밭과 숲, 돌출 바위지대에 설치된 쇠줄을 지나 락 블루에 이른다. 락 블루에서 라 구이으(La Gouille) 사이에는 작은 알파인 촌락이 있다. 이후 계곡을 끼고 계속 내리막을 내려가면 오래된 통나무 몇 채가 있고 곧 레조데르(1452m)가 나타난다. 발 데랑 계곡 상단에 위치한 교통의 요지다. 여기서 언덕길을 따라 올라 라 사저와 빌라에 이른다. 다음날 어떤 고개를 넘을 예정인가에 따라 머물 곳을 정하는 게 좋다. 사티 고개를 넘으려면 라 사저에서, 토랑 고개를 넘으려면 빌라에 잠자리를 잡는 게 좋다. 하지만 아롤라나 레조데르에서 사전에 확인해두는 게 좋으며 여의치 않다면 레조데르에서 자고 이른 아침에 버스를 타고 라 사저나 빌라까지 이동하여 트레킹을 시작하는 방법도 있다.

www.lasage.com(라 사저 관광정보센터)
www.evolene-region.ch(레조데르 관광정보센터)

아롤라에는 작은 식료품점과 등산장비점이 있다.

라 사저에서 15분 거리에 있는 빌라 마을.

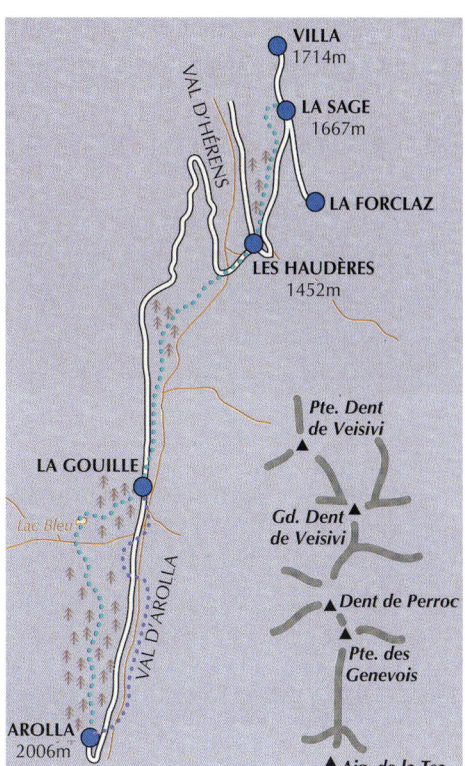

발 데랑 계곡의 중심지 레조데르(1450미터)는 스위스 론 계곡의 도시 시옹(Sion)에서 버스가 한두 시간에 한번 꼴로 운행하며 여기서 빌라나 아롤라행 버스를 갈아타야 한다.

9 구간   빌라-토랑 고개-므와리 댐

출발지	빌라
출발지 교통	레조데르에서 버스, 승용차 가능.
출발지 고도	1714m
도착지	므와리 댐
도착지 교통	시옹에서 버스 및 승용차.
도착지 고도	2249m
등행 높이	1205m
하행 높이	670m
거리	10km
시간	5시간
숙박	므와리 댐(샬레 뒤 바라저 Chalet du Barrage) 도미토리 그리망스(Grimentz) : 호텔들
변형루트	라 사저에서 출발해 사티(Tsate) 고개를 넘어 므와리 산장(Cabane de Moiry 2825m)에서 자고 므와리 댐으로 내려갈 수도 있다.

 사티 고개에서 북서쪽으로 4km 조금 넘는 지점에 좀 더 높은 토랑 고개가 있는데, 발데랑과 므와리 계곡을 연결하는 주요 고개로서 사티 고개보다 인기가 높다. 고개에 이르는 트레킹 루트 전 구간이 걷기 좋은 풀밭으로 여기저기 소 떼들이 있으며 전망 또한 시원하게 트여 발데랑 계곡이 한눈에 내려다보인다. 아롤라에서부터 레조데르, 빌라에 이르는 모든 산간마을이 보인다. 또한 고개 너머 동쪽면 또한 길이 편하고 파노라마 풍경이 시원하다. 전망 좋은 토랑 고개에서 보다 넓은 파노라마를 보려면 능선을 타고 북서쪽으로 45분 올라 사서네르(Sasseneire 3250m) 정상에 서면 된다. 북쪽 저 멀리 주라 산맥에서부터 베르너 산군을 거쳐 시빌레 고개까지 한눈에 들어온다. 남쪽으로는 토랑 고개에선 보이지 않는 당 블랑쉬도 보인다.
 토랑 고개에서 약간 경사진 오솔길을 내려가면 오탄 호수에 닿는다. 므와리 빙하를 배경으로 한 잔잔한 호숫가 풍경이 자연미를 더해준다. 오탄 호수 아래에 알파인 풀밭에 돌로 지은 아담한 집이 하나 있으며 그 아래 목장을 지나면 므와리 댐에 닿는다.
 므와리 댐 바로 옆에 있는 도미토리는 다음날 소르브와 고개를 넘어 지날로 가기 위한 아주 이상적인 거리에 있다. 하지만 몇몇 트레킹 여행사나 개인 트레커들은 이곳에 묵지 않고 대신 두 시간 동안 6km 더 걸어가 그리망스(Grimentz)까지 가서 하룻밤 잔다. 여러 종류의 숙소가 있기 때문이다. 이럴 경우 지날로 가는 전 일정을 빼먹고 바로 바이스호른 호텔로 올라가 하루 일정을 줄이게 된다. 하지만 소르브와 고개를 오르면서 아름다운 에메랄드 빛 므와리 호수를 보고 싶으면 지날로 가는 일정을 결코 포기해서는 안 된다.

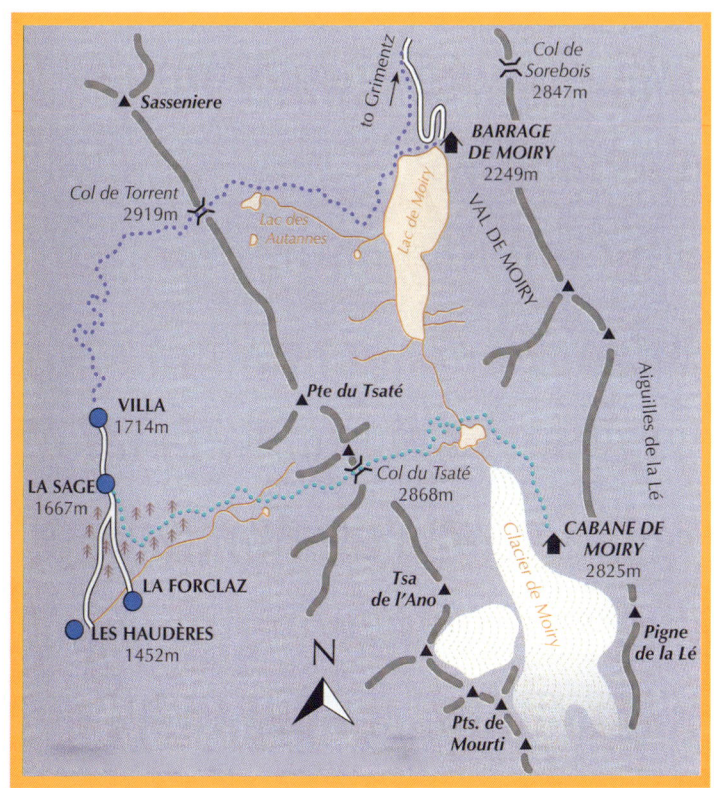

　한편 발 데랑 계곡에서 므와리 쪽으로 넘어가는 또 다른 길이 사티 고개를 넘는 길이다. 이 코스는 전날 라 사저에서 묵으면서 다음날 므와리 댐 도미토리에서 묵지 않고 므와리 산장(2825m)에서 묵을 계획인 경우 택하는데 보다 짧고 가파르다. 알파인 풀밭에서 고개에 가까워질수록 지그재그로 난 돌길은 점점 가팔라진다. 반대편인 동쪽면도 가파르다.
　므와리 산장으로 이어진 모레인 돌길 또한 가파르다. 하지만 므와리 빙하를 굽어보며 바위 언덕에 세워진 므와리 산장에서 보는 풍경은 무엇과도 비교할 수 없을 정도로 멋있다.

Chalet du Barrage(2300m): 므와리 댐 도미토리, 6~9월말 운영.
　　027 475 1548　www.moiryresto.ch
Cabane de Moiry(2825m): 므와리 산장, 6월말~9월말 운영.
　　027 475 4534　www.cabane-de-moiry.ch

아롤라

레조데르

빌라에서 토랑 고개에 이르는 약 한 시간 거리는 목장들을 지난다.
저 멀리 레조데르에서 아롤라까지 보인다.

토랑 고개 쪽에서 본 일몰 풍경.

토랑 고개 아래 풀밭에서 하룻밤 잤다.
저 멀리 스위스와 이탈리아의 국경을 이루는 봉우리들이 보인다.

토랑 고개에 이르는 길은 줄곧 평탄하며 시야가 트인다.

토랑 고개 정상의 십자가. 체르마트가 차츰 가까워진다.

토랑 고개에서 므와리 호수로 내려가는 길도 평탄하다.
아래에 오탄 호수가 보인다.

오탄 호수를 배경으로 내려가고 있다.

오탄 호수 아래, 풀밭에 세워진 돌집. 므와리 빙하가 배경이 되어 풍광이 멋진 이 집은 여름철 별장으로 사용하는 것 같았다. 입구에 누군가가 며칠 전에 사용한 흔적이 있었다.

10 구간   므와리 댐-지날

출발지	므와리 댐
출발지 교통	시옹에서 버스 및 승용차 이용 가능.
출발지 고도	2249m
도착지	지날
도착지 교통	버스 : 지에르(Sierre)-생 루크(St Luc)-비스와(Vissoie)-지날(Zinal)
도착지 고도	1675m
등행 높이	598m
하행 높이	1172m
거리	8km
시간	5시간
숙박	소르브와 : 도미토리
	지날 : 호텔, 도미토리, 캠핑 등.
교통편의	버스 : 바라저 더 므와리(Barrage de Moiry)-그리망스(Grimentz)-지날(Zinal)
	케이블카 : 소르브와(Sorebois)-지날(Zinal)

  므와리 댐에서 소르브와 고개로 오르는 길은 나무 한 그루 없는 알파인 풀밭이며 고갯마루 주변은 황량한 분위기마저 들지만 정상에서 바라보는 파노라마 풍경이 충분한 보상이 되고 남는다. 완만하게 굽이돌며 오르는 지그재그 길에서 내려다보는 므와리 호수의 에머랄드빛은 환상적이기도 하다. 가끔 산양이나 마모트 등이 고개를 들고 반기기도 한다. 고개 너머 동쪽 면에 펼쳐진 봉우리들인 바이스호른과 지날로트호른은 지날로 내려가는 내내 지켜볼 수 있다.

  소르브와 고개에서 알파인 풀밭에 난 가파른 길을 반 시간 걸어내리면 스키 슬로프로 이용하는 넓은 길이 나오며 이 길을 따라 다시 반 시간 걸으면 소르브와 케이블카 역이 나온다. 여기서 케이블카 역 아래 숲으로 들어선다. 지날까지 이어진 숲길은 아주 가팔라 조심해서 걸어내려야 하는데, 무릎이 시원찮다면 케이블카 이용도 고려해볼만 하다.

Sorebois(2438m) : 도미토리, 6월 중순~9월 말 운영.
                027 475 1378   www.zinal.net
Zinal(1675m) : 호텔 및 캠핑장, 현금지급기와 슈퍼마켓 등 거의 모든 시설이 있음. 관광정보센터(027 475 1370 www.zinal.ch)

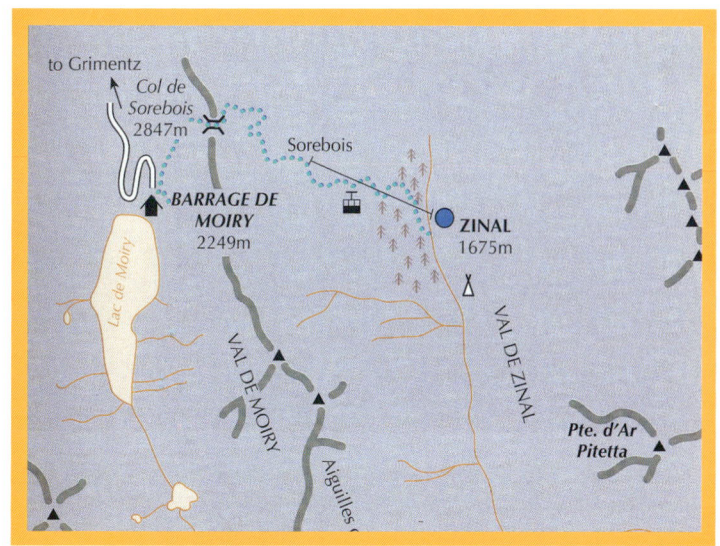

므와리 댐 입구에 식당과 여행자 숙소, 버스 정류장이 있다. 소르브와 고개로 오르는 길에는 나무가 없다.

소르브와 고개로 오르는 길에서는 줄곧 시야가 트인다. 시간 여유가 있다면 호수 앞 도미토리에서 하룻밤 묵을 만하다.

소르브와 고개에서 내려오는 트레커들

하늘을 배경으로 고갯마루에 올라서고 있다.
반대편은 전혀 새로운 세계이다.

고개 정상에서 므와리
호수 쪽으로

고개에서 지날로 내려오고 있다.
중간 이후부터 가파른 숲길이다.

11 구간   지날-그루벤

출발지	지날
출발지 교통	버스(Sierre-St Luc-Vissoie-Zinal) 및 승용차 이용 가능.
출발지 고도	1675m
도착지	그루벤
도착지 교통	지에르(Sierre)에서 버스, 차량 이용 가능.
도착지 고도	1822m
최고 지점	포르크레타 고개(2874m)
등행 높이	1199m
하행 높이	1052m
거리	14km
시간	7시간
숙박	그루벤 : 호텔, 도미토리 등.
교통편의	없음
변형루트	Zinal-Hotel Weisshorn/Cabane Bella Tola-Gruben

　오트 루트가 중반을 넘어서면서 포르크레타 고개를 경계로 언어권이 바뀐다. 이제껏 프랑스어권이었는데, 이 고개를 넘으면 독일어권에 접어들게 된다.
　꽤 큰 산악마을 지날 중심에 위치한 교회와 러 트리프트(Le Trift) 호텔 사이의 좁은 길을 걸어오르면서 트레킹은 시작된다. 이후 아파트 옆으로 난 숲길을 따라가면 본격적인 오르막이다. 시원한 전나무 숲에서 Z자 표시를 따라 한참 올라 2000미터 이상 고지에서 숲을 빠져 나오면 지날 계곡이 시원하게 눈에 들어온다. 이후 눈덮인 알파인 봉우리들을 뒤로 하고 산허리길을 따라 걷는다. 지날에서 약 3시간 만에 첫 번째 알파인 목장 바르노위차(Barneuza 2211m)를 지난다. 이후 돌길을 횡단하고 개울을 하나 지나면 또 다른 목장 알프 나바(Alpe Nava 2340m)가 나온다. 여기에 오르기 전에 삼거리가 있는데, 계속해서 산허리를 따라 가면 바이스호른 호텔(산장)이며 위로 오르면 포르크레타 고개이다. 차츰 황량해지는 알파인 지대를 지나고 잘 닦인 오솔길을 따라 오르면 고개 정상이다.
　고개 너머 하산길은 한동안 개울 옆을 따르고, 한 시간 만에 목장(Chalte Berg 2488m)이 나타난다. 그 아래 목장지대를 지나 산판도로를 따라가다가 전나무 숲길을 한참 내려가면 그루벤이다. 시간이 멈춘 듯한 분위기의 이 산간마을은 가을에 목동이 소들을 몰고 저지대로 내려가면 다음해 봄까지 아무도 살지 않는 마을이 된다. 하얀색으로 칠한 작은 예배당 주변에 옹기종기 모여 있는 샬레 몇 채가 마을을 이루고 있는 이 마을은 외부세계의 영향을 전혀 받지 않는 듯이 보였다.

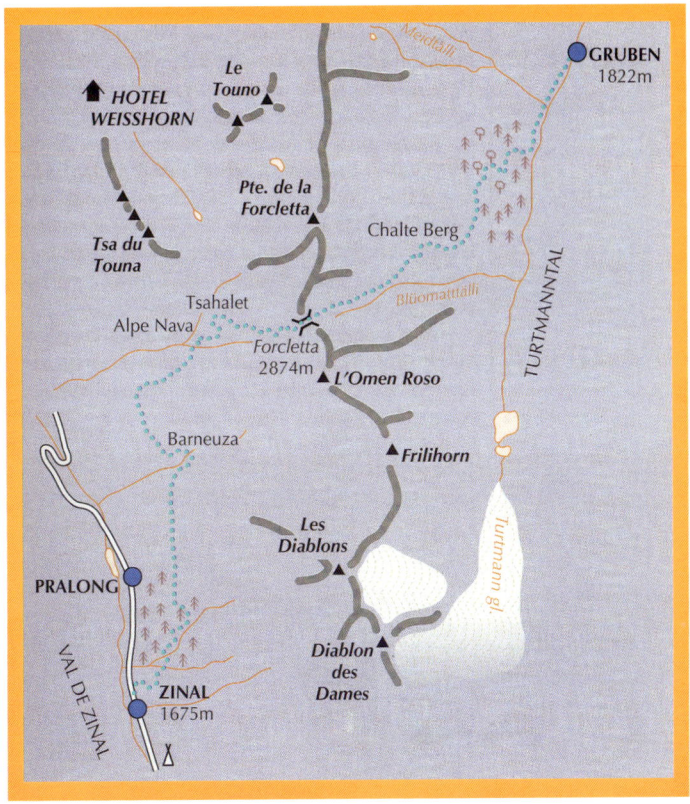

 한편 지날에서 그루번으로 가는 또 다른 길은 바이스호른 호텔이나 벨라 톨라 산장을 거쳐 마이드파스(Meidpass 2790m)를 넘는 방법이다. 이 경우 하루가 더 걸리는데, 지날에서 산허리길을 돌아 두 산장에 이르는 코스에서뿐 아니라 두 산장에서 맞이하는 경치 또한 빼어나 그에 대한 충분한 대가가 될 것이다. 두 산장에서 고개로 출발하면 고개 아래 30분 거리에서 만나게 되며 케른이나 페인트 표시를 따라 오르면 된다. 간혹 안개가 낀 경우 길 찾기에 주의해야 하는 곳이기도 하다.

Gruben(1822m) : Hotel Schwarzhorn(6~10월 운영)
　　　　　　　027 932 1414　www.hotelscharzhorn.ch
Cabane Bella Tola(2346m) : 도미토리 산장 서비스
　　　　　　　027 475 1537　cabane@funiluc.ch
Hotel Weisshorn(2337m) : 도미토리 산장 서비스 (6월~10월 중순)
　　　　　　　027 475 1106　www.weishorn.ch

거의 모든 편의시설을 갖추고 있는 지날은 트레커와 알피니스트들이 즐겨 찾는 산악휴양지이다.

지날 외곽의 전나무숲.
Z자로 길표시를 해뒀다.

지날에서 약 3시간 만에 만나는 알파인 목장 바르노위차(Bar-neuza 2211m) 옆 갈림길을 지난다.

또 다른 목장 알프 나바(Alpe Nava 2340m) 아래의 오두막 옆을 거슬러 오른다.

포르크레타 고개 한 시간 아래의 목장 알프 나바(2340m) 아래에는 삼거리가 있는데, 이렇게 오르지 않고 계속해서 산허리길을 걸어가면 바이스호른 호텔이 나타난다.

포르크레타 고개로 오르면서 북서쪽으로 본 모습.
뒤편 봉우리 너머에 바이스호른 호텔이 있다.

포르크레타 고개로 오르면서 남서쪽으로 본 모습.
전날 넘어온 소르브와 고개가 보인다.

포르크레타 고개에서 반대편 그루번 쪽 풍경.
왼편 산허리를 끼고 내려간다.

고개에서 얼마 내려가지 않은 지점

샬트 베르그(Chalte Berg) 목장

고개에서 한 시간 걸어내리면 샬트 베르그
목장(Chalte Berg 2488m)을 만난다.

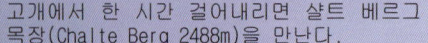

한동안 목장용 산판도로를 따라 내려온 후,
오솔길에 접어들어 숲으로 내려간다.

전나무 숲을 다 내려와 30분쯤
개울을 따라 내려가면 그루번이다.

12 구간　　**그루벤-생 니클라우스**

출발지	그루번
출발지 교통	지에르(Sierre)에서 버스, 차량 접근 가능.
출발지 고도	1822m
도착지	생 니클라우스
도착지 교통	브리그 혹은 비스프에서 열차, 차량 이용 가능.
도착지 고도	1127m
최고 지점	아우그스트보드패스(2894m)
등행 높이	1072m
하행 높이	1767m
거리	16km
시간	7~8시간
숙박	융겐 : 도미토리
	생 니클라우스 : 호텔, 도미토리 등.
교통편의	케이블카(융겐-생 니클라우스)

샤모니-체르마트 오트 루트에서 마지막 고개를 넘어가는 이 구간은 가장 멋진 구간 중 하나다. 트레커의 눈과 마음을 사로잡는 너무 많은 풍경과 볼거리들이 있다. 또한 역사가 있는데, 아우그스트보드 고개는 중세시대부터 스위스의 론 계곡과 이탈리아를 이어주는 주요 통상로였다. 전나무 숲을 지나 알파인 초원과 모레인 돌밭을 통과하면서 1000미터 이상 오르내려야 하는 힘든 코스이지만 아마도 스위스 전역에서 가장 아름다운 경관을 보게 될 것이다. 물론 이 구간에서 마터호른은 보이지 않는다. 하지만 스위스 영토내에서 가장 높은 봉우리 돔(4545m)을 비롯하여 수많은 주변 봉우리들과 그 아래 체르마트 계곡의 짙푸른 녹색세계가 반겨준다.

이러한 풍경을 앞에 두고 2000미터 고지의 알파인 지대를 내려가면 생 니클라우스 위의 가파른 언덕에 자리잡고 있는 아담한 촌락 융겐을 발견하게 되어 즐거울 것이다. 알프스 전통가옥들이 잘 보존되어 있고 지금도 주민들이 치즈를 만들면서 생활을 이어가는 이 마을은 오트 루트에서 만날 수 있는 마지막 전통마을이다. 융겐에서 길은 꾸불꾸불 이어진 가파른 사면을 타고 숲으로 내려간다. 마치 세상 밖으로 나가는 느낌이다.

그루번에서 길은 슈바르츠호른 호텔 바로 앞에서 오르막을 오르면서 시작된다. 전나무 숲으로 곧장 들어가게 되며 한 시간쯤 걸어야 숲을 벗어난다. 다시 30분 정도 가면 오두막 두 채(Obergruobu Stafel 2369m)가 나타난다. 오두막 오른편으로 오르면 완연한 알파인 모레인 지대가 나

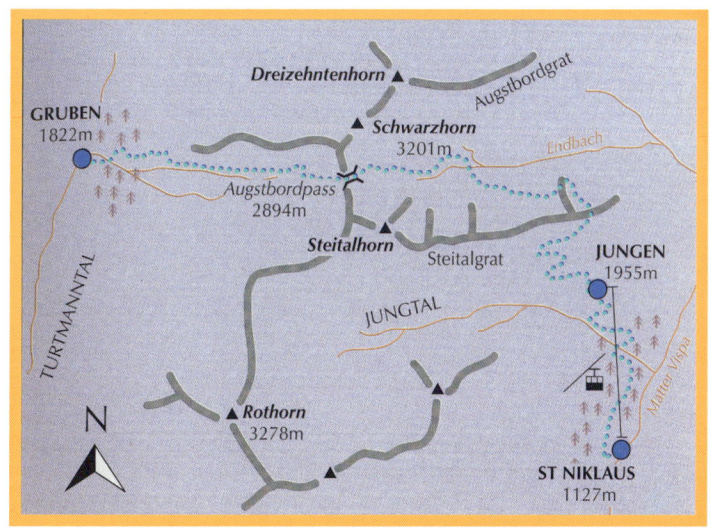

타나는데, 작은 개울을 끼고 오른다. 곧 나타나는 가파른 돌길을 오르면 고개 아래에 알파인 호수가 하나 있다. 계속 오르막을 오르면 고개 정상이다. 시간 여유가 있다면 고개 북쪽, 한 시간 거리에 위치한 슈바르츠호른(Schawarzhorn 3201m)에 올라볼 만하다. 정상에서의 파노라마가 압권이라 한다.

하산길은 고개에서 모레인 지대를 한동안 걷고 미끄러운 돌길을 한 시간 이상 걸어내려 산허리를 끼고 돈다. 하산길에서는 돔 등 4000미터 고봉들이 도열해 있는 풍경이 나타나며 초록빛 체르마트 계곡이 눈 아래에 있다. 지그재그 길을 걸어 융겐 마을에 도착, 하얀색으로 칠해진 예배당과 주변의 전통가옥들을 둘러보고 하산하는데, 산모퉁이를 돌 때마다 세워져 있는 작은 기도처들을 둘러보는 재미도 있다. 이 지역이 개신교의 영향 아래에 있기 때문이리라.

Jungen(1955m) : 6인실 작은 샬레 숙소 있음. 027 956 2101
생 니클라우스행 소형 케이블카 운행함.
St Niklaus(1127m) : 각종 숙박시설과 은행, 기차역 등 거의 모든 시설.
관광정보센터(www.st-niklaus.ch) 027 956 3663
다음날 체르마트로 이동하기 위해 유로파벡 구간을 걸을건지 아니면 란다와 태쉬를 거치는 계곡길을 걸을지에 따라 머물 장소를 결정해야 한다. 유로파벡을 택한다면 생 니클라우스 기차역 앞에서 버스를 타고 가즌리트(Gasenried)로 가 하룻밤 묵으면 다음날 운행에 도움이 된다. 물론 도보인 경우 2시간 소요된다. 그리고 계곡길을 따라 체르마트로 가겠다면 생 니클라우스에서 묵는 게 최상의 선택이다.

그루번에서 한 시간 이상 걸어 전나무 숲을 빠져
나온 알파인 지대에는 블루베리가 많았다.

한 시간 반 만에 닿은 오두막(Obergruobu Stafel 2369m)에서
비를 피해 잠시 쉬었다.

오두막 위 알파인 풀밭은 적막감이 느껴졌다.
개울 좌우를 오가며 길이 이어진다.

고개를 넘어오는 트레커들.
한여름인데도 고개 정상부는 추웠다.

고개 아래, 가파른 사면이 이어진다.
뒤에 작은 알파인 호수가 희미하게 보인다.

고개 정상. 오트 루트에서 마지막으로 넘은 고개였다.

고개 아래 풀밭에서 잤는데, 새벽에 서리가 내렸다.
한여름에도 종종 눈이 내린다고 한다.

한동안 미끄러운 바위지대를 통과하니 조심해야 한다.

돔 등 4000미터 봉들을 앞에 두고.

체르마트까지 이어진 계곡이 보인다.

계곡 건너 그라헨에
아침햇살이 비친다.

여기서 한 시간 정도
걸어내리면 융겐이다.

계곡 건너편 마을이 가즌리트(1659m)이며
유로파벡 출발지로 이용하면 좋은 마을이다.

스위스 산골마을의 아름다움을 가장 잘 간직하고 있는 마을 중 하나인 융겐에 들어서고 있다. 주민들은 아직도 전통가옥에 살면서 치즈를 만들고 있다.

통나무집들이 잘 보존되어 있는 융겐 골목길.

한 때 주변에서 가장 번창했던 생 니클라우스는 마터호른이 보이는 체르마트까지 도로가 뚫리자 그 자리를 양보하게 되었다.

아담한 예배당 뒤로 마을이
형성되어 있는 융겐.

13 구간   생 니클라우스-체르마트

출발지	생 니클라우스
출발지 교통	브리그 혹은 비스프에서 열차, 차도.
출발지 고도	1127m
도착지	체르마트
도착지 교통	브리그 혹은 비스프에서 열차, 차도.
도착지 고도	1606m
최고 지점	체르마트(1606m)
등행 높이	479m
하행 높이	0m
거리	18km
시간	5시간
숙박	마트산트(Mattsand - 40분) : 호텔
	에르브리겐(Herbriggen - 1시간 10분) : 호텔
	란다(Randa - 2시간 30분) : 호텔, 팬션, 캠핑.
	태쉬(Tasch - 3시간 30분) : 호텔, 캠핑.
	체르마트(Zermatt) : 호텔, 유스호스텔, 캠핑.
교통편의	열차(생 니클라우스-체르마트)
변형루트	가즌리트(Gasenried)로 올라가 유로파벡 루트를 따라 체르마트까지 걷는다. 이틀 소요된다.

  유로파벡 루트가 만들어지기 전까지만 해도 생 니클라우스에서 체르마트까지 가는 계곡길은 샤모니-체르마트 오트 루트의 마지막 주요 구간이었다. 비록 높은 산허리를 끼고 도는 도전적인 유로파벡 루트에 중요 자리를 내주었지만 이 계곡길은 시간이 없거나 날씨가 나쁜 경우 여전히 많이 이용되고 있다. 계곡 맨 아래 지역을 줄곧 따라가기에 오트 루트 트레커가 그토록 보고싶어 하는 마터호른은 마지막까지 좀체 나타나지 않는다.

  이 계곡길은 도로나 철로에서 멀지 않아 오트 루트에서 가장 경치가 못한 게 사실이고 알파인 지대의 풍경들은 가파른 벽에 가려 보이지 않기 십상이다. 그러나 실망할 정도는 아니다. 계곡 군데군데 형성되어 있는 마을과 낡은 헛간이나 목장, 숲, 그리고 알파인 지대의 빙하와 설원에서 발원한 강과 폭포들이 반겨준다. 아쉽게도 이 계곡길로 체르마트에 들어서게 되면 기차역 아래, 체르마트 북쪽 끄트머리에 건설자재 등 공사판이 늘 자리잡고 있어 눈에 거슬린다. 하지만 활기찬 체르마트 시내에 들어서서 마주치는 마터호른은 그에 대한 보상을 충분히 해줄 것이다.

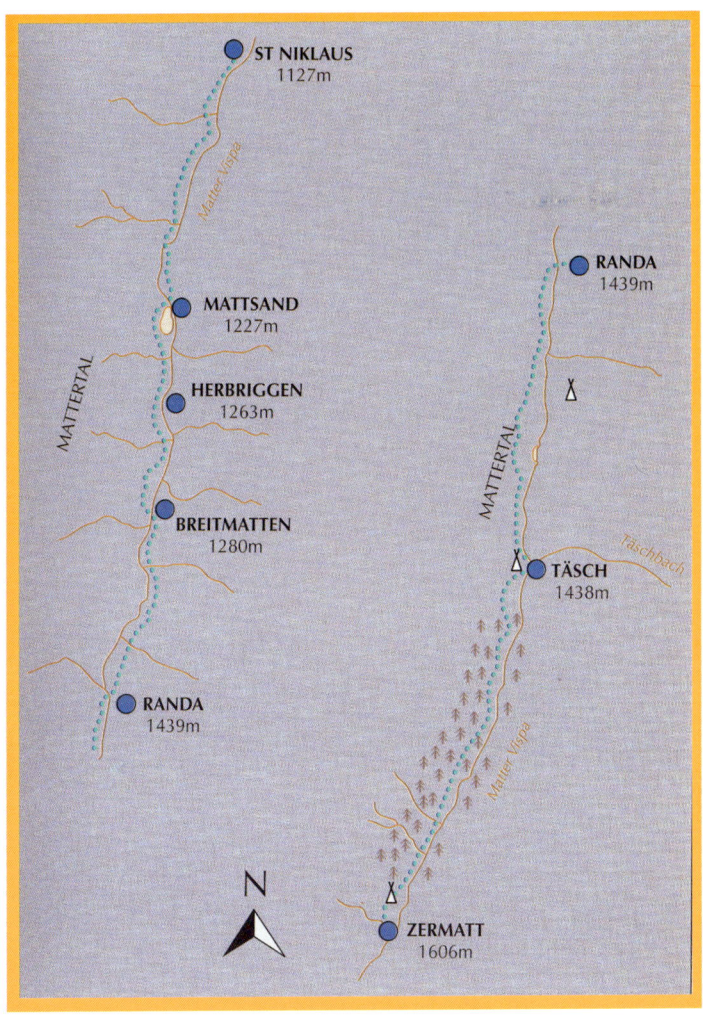

유로파벡 루트에서 그라헨으로 내려가면서 본 생 니클라우스와 융겐 쪽 풍경이다.

Weisshorn

유로파벡 루트에서 그라헨으로 내려가면서 돌아본 장면. 생 니클라우스에서 체르마트로 이어지는 계곡길이 내려다보인다.

오트 루트 일정

 버스나 케이블카 등을 이용하지 않고 샤모니-체르마트 오트 루트를 걸으려면 적어도 13일~15일은 소요된다. 시간 여유가 충분한 경우 적당한 일정이다. 하지만 시간이 부족하거나 체력이 떨어져 혹은 전 구간을 걷고 싶은 열정이 사그라든다면 택시나 버스, 케이블카 등을 이용하여 일정을 단축할 수 있다. 대중교통은 힘든 구간에서 육체적 피로를 덜어줄 것이다. 이 책에 서술된 일정 외에도 자신의 여건에 따라 적절하게 일정을 조정할 필요가 있다.

 아래의 13일 일정은 이 책에 서술한 일정에 따른 것이며 이보다 더 길게 일정을 잡을 수도 있다. 예를 든다면 아롤라에 도착하기 전에 딕스 산장에서 하룻밤 지낸다거나 생 니클라우스에서 유로파벡 코스를 경유해 체르마트에 간다면 총 15일은 걸릴 것이다.

샤모니-체르마트 전 일정(13일)

1 : Chamonix – Argentiere
2 : Argentiere – Trient
3 : Trient – Champex
4 : Champex – Le Chable
5 : Le Chable – Cabane du Mont Fort
6 : Cabane du Mont Fort – Cabane de Prafleuri
7 : Cabane de Prafleuri – Arolla
8 : Arolla – Villa
9 : Villa – Barrage de Moiry
10 : Barrage de Moiry – Zinal
11 : Zinal – Gruben
12 : Gruben – St Niklaus
13 : St Niklaus – Zermatt

샤모니-체르마트 10일 일정

1 : Chamonix - Trient
   버스(Chamonix-Tour), 도보(Tour-Trient)
2 : Trient - Champex
3 : Champex - Cabane du Mont Fort
   버스 및 열차(Champex-Le Chable)
   리프트(Le Chable-Les Ruinettes)
   도보(Les Ruinettes-Cabane du Mont Fort)
4 : Cabane du Mont Fort - Cabane de Prafleuri
5 : Cabane de Prafleuri - Arolla
6 : Arolla - Barrage de Moiry
   버스(Arolla-Villa), 도보(Villa-Barrage de Moiry)
7 : Barrage de Moiry - Zinal
8 : Zinal - Gruben
9 : Gruben - St Niklaus
10 : St Niklaus - Zermatt

샤모니-체르마트 7일 일정

1 : Chamonix - Trient
   버스(Chamonix - Tour), 도보(Tour - Trient)
2 : Trient - Cabane du Mont Fort
   도보(Trient - Champex), 버스 및 열차(Champex - Le Chable)
   리프트(Le Chable - Les Ruinettes)
   도보(Les Ruinettes - Cabane du Mont Fort)
3 : Cabane du Mont Fort - Cabane de Prafleuri
4 : Cabane de Prafleuri - Villa
   도보(Cabane de Prafleuri - Arolla)
   버스(Arolla - Villa)
5 : Villa - Zinal
   도보(Villa-Barrage de Moiry-Sorebois)
   리프트(Sorebois-Zinal)
6 : Zinal - Gruben
7 : Gruben - Zermatt
   도보(Gruben-Jungen), 리프트(Jungen-St Niklaus)
   열차(St Niklaus - Zermatt)

내가 걸은 오트 루트

 샤모니에서 체르마트까지 이어진 서너 갈래의 오트(Haute) 루트들이 있는데, 아이젠과 피켈 등이 필요한 3000m 이상의 설원과 고개를 넘나드는 코스 외에 3000m 아래의 고개들을 넘는 코스도 있다. 크게 분류해 3000m 위아래의 두 갈래길은 도중에 만나고 헤어지며 서쪽에서 동쪽으로 서부 알프스 산맥을 종주해 간다. 알프스의 대표적인 두 산악도시를 연결하는 만큼 알프스의 대표적인 트레킹 코스라 추천할 만하다. 드넓게 펼쳐진 알파인 초원과 돌밭, 황량한 모레인 지대와 빙하, 급류를 건너고 비바람과 눈, 강렬한 햇살 아래를 걷고 또 걷는 코스가 오트 루트이다.
 몽블랑 일주와는 또 다른, 좀 더 힘든 알프스 산록의 정취를 느낄 수 있다. 이 코스들은 시간 여유가 있으면 14일 정도, 짧게는 7일 정도 걸린다. 한편 오트 루트의 초반부는 몽블랑 일주 코스와 겹치기에 이 구간을 빼면 더 짧게 샤모니~체르마트 오트 루트를 걸을 수 있다.
 8월 말에 우리는 샤모니에서 첫차를 타고 스위스 국경을 넘어 샤블에 닿았다. 한 달 전에 혼자 샤모니에서 출발해 국경인 발므 고개를 넘고 다르페트 고개까지 넘어 샤블까지 이틀거리를 하루 만에 걸었었다. 하지만 날씨도 나빴거니와 혼자만의 트레킹에 싫증나 포기했었기에 샤블을 출발지로 정했다. 침봉들을 즐겨 오르던 내가 알프스 수평의 세계에 익숙하지 않은 탓이기도 했다. 아내는 자기와 함께하지 않은 당연한 결과였다며 이렇게 멋진 트레킹을 함께할 수 있는 기회를 반겼다.
 샤블에서 베르비에까지 버스로 오른 우리는 곤돌라를 이용, 레 뤼네트까지 오른다. 서쪽으로 몽블랑 산군이 한눈에 바라보이는 이곳이 본격적

몽포트 산장 위, 바위 곳곳에
길 표시를 해두었다.

인 산행 출발지다. 오전 10시가 조금 넘었다.
 한동안 산판도로를 따라 남쪽으로 난 길은 동쪽으로 방향을 틀어 몽포트 산장으로 이어진다. 남쪽 저 멀리 그랑 콤뱅이 버티고 있다. 마터호른이 있는 발레 산군과 몽블랑 산군 사이에 홀로 당당히 솟아 있는 4000m 명봉이다. 언젠가는 저 봉우리를 올라야겠다는 생각을 하며 오솔길을 따라 걷는데, 한 떼의 소들이 지나간다. 나이 지긋한 아버지가 앞장서고 젊은 딸이 뒤에서 소를 몰고 있었다.
 정신이 사나울 정도로 요란한 방울소리에서 벗어나자 몽포트 산장이다. 언덕 위에 지어진 산장 마당에서 몽블랑 산군의 파노라마가 한눈에 들어온다. 이제부터 우리는 몽블랑 산군을 뒤로하고 걷는다. 우선 쇼 고개를 넘는다. 남쪽으로 산허리를 도는 샤모아 길도 있지만 좀 더 짧은 길을 따른다. 한동안 스키슬로프를 따라 걷다 너덜바위지대를 오른다.
 우리보다 앞서 걷던 두 명의 나이 드신 프랑스인 트레커들을 앞지른다. 길이 험하다. 8월 말인데도 눈이 남아 있고 몇몇 구간에서는 얼음 위에 박힌 돌 위를 조심해서 올라야 했다. 산행을 시작한 지 3시간이 되지 않아 고갯마루에 올라선다. 바람이 불지 않는 양지바른 곳에서 점심을 먹고 길을 재촉한다. 거친 돌밭이 끝없이 이어진다. 길 표시는 잘 되어 있다. 하얀색 두 줄에 파란색 한 줄이 큰 돌 곳곳에 그어져 있다. 이 구간 외에는 흰색과 붉은색 두 줄로 바위에 길을 표시해 두었다.
 한 시간 넘게 모레인 지대를 걸어 지겨워질 무렵, 산양이 반겨주었고 옥색을 띤 작은 호수가 보였다. 호수 옆을 끼고 내려가자 삼거리다. 산허리 길인 샤모아 길과 만난 셈이다. 이제 루비 고개로 오른다. 돌밭이 아니라서 편하다. 삼거리에서 한 시간이 채 걸리지 않아 고갯마루에 올라선다.

루비 고개 아래에서. 저 멀리 몽블랑 산군이 보인다

프라프레리 고개에서 산장으로
내려가고 있다.

　이제 또 하나를 넘었으니 배낭을 내려놓고 쉰 후, 다시 출발한다. 일기예보에 이삼일 후에는 날씨가 나빠진다고 했기에 발걸음을 재촉한다. 30분간 돌밭을 걸어내려 그랑 데제르 빙하의 빙하호 아래 10m 넓이의 개울을 건넌다. 물에 잠긴 돌다리를 바짝 긴장해서 건넌다. 방수가 확실하게 되는 중등산화와 양손에 짚은 스틱의 덕을 톡톡히 본다. 완만한 돌밭길을 걸어올라 작은 언덕을 넘는다. 제법 험하다. 나중에 보니 프라프레리 산장에 이르는 이 구간이 가장 메마른 돌밭지대였다.
　작은 호수를 끼고 바위지대를 한 시간 이상 오르니 프라프레리 고개다. 시간이 제법 흘러 고갯마루에 선 우리의 그림자가 꽤 길어졌다. 고개 아래 한 시간 거리에 위치한 산장이 보이며 해지기 두 시간 전이었지만 곧장 넘어야 하는 루 고개가 산장 위로 보인다.
　프라프레리 고개를 넘자 응달 속으로 들어간다. 반 시간 정도 걷자 산판도로가 나타났다. 우리는 산장으로 가지 않고 우회해 루 고개로 향한다. 온통 거친 바위뿐인 사면에서 수평으로 반 시간 이상 헤맨 다음에야 고갯마루에 이르는 길에 접어든다. 채 반 시간이 걸리지 않아 고갯마루에 올라서자 딕스 호수가 한 눈에 들어오고 붉게 물든 봉우리들이 호수와 어울려 있다. 멋진 풍광이다. 고생해서라도 이 고개를 잘 넘었다 싶다. 산장에 머문 독일인 두 명도 함께 올랐는데, 그들도 멋진 저녁 풍경을 열심히 카메라에 담는다. 그들과 헤어져 고개를 내려오는데, 산양이 반긴다. 더없이 평화롭다. 곧 어두워질 무렵이라 산양과 아쉽게 헤어진 우리는 딕스 호수가 내려다보이는 풀밭에 텐트를 친다. 4개의 고개를 넘어온 힘든 하루였지만 야영지 주변 풍경은 고생한 대가 이상이었다.
　아침 6시 30분경의 일출시간에 맞춰 한 시간 앞당겨 울린 알람시계의 요란함에 눈을 뜬다. 온몸이 욱씬거리며 피곤했지만 갈 길이 멀었다. 어둠을 헤치며 아침을 먹고 짐을 챙기니 날이 밝아왔다. 어둠이 물러간 자

이른 아침, 루 고개에서 딕스 호수로 내려가고 있다.

리에 딕스 호수의 장대함이 드러났다. 아침 7시, 배낭을 메고 걷는다. 어제 루 고개를 넘으며 떠온 물이 적었기에 30분 걸어 도착한 첫 개울에서 깨끗한 물을 떠 커피를 마시며 여유를 부린다. 곧이어 아침 햇살이 반길 때쯤 배낭을 메고 딕스 호수로 내려간다.

호수 옆 풀밭언덕에 위치한 바르마 산장이 보이지만 그곳을 거치지 않고 곧장 호수를 끼고 도는 산판도로를 따라 걷는다. 빙하가 녹은 물을 가

딕스 호수 위, 리에드마텡 고개와 딕스 산장으로 가는 갈림길로 오르고 있다.

리에드마텡 고개로 오르면서 딕스 산장 쪽으로 본 풍경. 몽블랑 더 세이롱 쪽에서 발원한 세이롱 빙하가 흐르고 있다.

리에드마텡 고개 아래. 뒤로 딕스 호수가 보이며 전날 넘어온 루 고개도 보인다.

둔 딕스 호수는 한 시간 이상 걸은 후에나 호수 끄트머리에 닿았다. 그 동안 트레커들 몇이 지나갔다. 어떤 이는 우리보다 더 큰 배낭을 졌다.
 이제 길은 오르막이다. 가이드북에는 우리가 오를 리에드마텡 고개로 이어진 길이 호수 바로 위에서 딕스 산장으로 이어지는 길과 갈라진다고 되어 있었지만, 이정표에는 고개로 오르는 길 또한 딕스 산장으로 이어진다고 되어 있다. 고개를 갸우뚱거리며 가파른 길을 오르는데, 저만치 아래에 예전의 고갯길이 보인다. 이런 젠장, 30분 이상 올랐는데 다시 내려가야 하다니! 어찌할까 망설이다가 딕스 산장까지 올라 빙하를 건너기로 했다. 그런데 얼마 가지 않아 리에드마텡 고개로 이어진 이정표와 새로 난 길이 보인다. 너덜바위 지대를 굽이돌며 이어진 트레킹 코스 군데군데 표시된 페인트칠도 선명하고 급류를 건너게 설치된 철다리도 새 것이다. 길을 새로 낸 것이다.
 길은 마치 히말라야 5000m 지대의 축소판 같다. 침봉과 빙하 아래의 메마른 황무지가 계속해서 이어진다. 딕스 호수에서 두 시간 걸려 리에드마텡 고개 아래다. 서쪽으로 펼쳐진 빙하 건너편 언덕에 딕스 산장이 보인다. 잠시 쉬고 있는데, 아일랜드에서 온 트레커 네 명이 지나간다. 딕스 호수 어귀에서 이야기를 나눈 부부 두 쌍이었다. 산장을 이용해 짐이 적은 그들은 우리를 추월해 간다. 그들은 철사다리를 오르는 좀 더 낮은 쪽으로 가고 우리는 철사다리가 없는 리에드마텡 고개를 넘는다.
 고갯마루에 오르자 바람이 차서 잠시 머물지도 못하고 곧장 내려간다. 반 시간 정도 급사면을 내리자 풀밭에 많은 사람들이 모여 있다. 고등학생들이 야외수업으로 인솔교사 3명과 이곳 오지까지 올라와 있었다. 알프스 자락에서 자라는 학생들이 누리는 혜택이 부러웠다.

아롤라로 내려가며 본 오두막. 예전에 목동이 사용한 돌집은 반 정도 무너져 있었다.

 첫날 30kg 가까이 되던 배낭이 제법 가벼워졌다고는 하지만 배낭끈이 어깨를 파고들어 내리막길에서 특히 고통스럽다. 그저 걷기만 하면 되겠지 싶어 이것저것 아무렇게나 꾸려온 짐의 무게에 짓눌렸다. 나중에 보니 어깨살이 터져 약을 바르고 반창고를 붙여 겨우 산행을 마무리할 수 있었다.
 고개에서 약 900m 높이를 내려와 아롤라 마을에 이른다. 작은 산간마을이다. 우체국 옆 작은 가게에서 파는 유일한 캔 맥주 두 개를 구입했는데, 도수가 11.6%나 된다. 할 수 없이 하나는 남겨 물이 귀했던 다음날 아침에 휘발시켜 마셨다. 아롤라에서 다음 산행지까지 걸어갈 수도 있지만 버스를 탄 우리는 레조데르에서 갈아타고 빌라까지 갔다. 네 시간을 벌었다.
 하늘엔 구름이 잔뜩 끼었고 저녁 6시 30분이 넘어 산으로 오른다. 풀밭 언덕 여기저기에 목가적인 집들이 있는 산판도로를 따라 걷는다. 한 시간 이상 올라 오솔길에 접어든다. 지도에 표기된 베플랑 호수까지 어둡기 전에 가야 하는데 어둠이 내린 후에도 보이지 않는다. 조금이라도 무게를 줄이기 위해 마을에서 물을 담지 않은 것이 실수였다. 3시간 가까이 걸은, 저녁 9시가 지나서야 호수가 나타났다. 호수라 하기엔 너무 실망스러운, 주변에 온통 소발자국과 똥들이 난무한 자그마한 웅덩이에 가까웠다. 깨끗하고 큼지막한 알파인 호수를 기대했는지라 실망이 컸지만 어쩔 수 없다. 소똥이 없는 좁은 공간의 풀밭에 텐트를 치고 웅덩이에서 의심스러운 물을 떠 라면을 끓인다. 아내는 그렇게나 허기지고 갈증에 시달렸건만 국물은 아예 넘기지도 못했다.
 다음날도 해 뜨기 한 시간 전에 일어나 출발을 서두른다. 전날 14시간

이상 움직인 탓에 피곤할 만도 하지만 이 불결한 호수 주변을 빨리 벗어나고 싶었다. 하늘에 구름은 많지만 비는 내리지 않는다. 토랑 고개로 오르는 길은 좋다. 완만한 오르막이다. 상쾌한 아침 공기를 마시며 발데랑 계곡을 뒤로 하며 걷는다. 한 시간 만에 토랑 고개에 오르니 좀 더 가까워진 발레 산군의 몇몇 봉우리들이 반긴다. 목이 말라 베플랑 호수 물로 끓인 녹차를 마시는데, 자세히 보니 벌레 한 마리가 떠 있다. 마실 물이라곤 그것밖에 없었기에 할 수 없이 들이켜고 므와리 계곡(Val de Moiry)으로 내려간다.

　므와리 계곡은 딴 세상이었다. 아담한 알파인 호수 오탄과 유난히 진한 옥빛의 거대한 인공호수 므와리 호수를 발아래에 두고 걷는다. 한국의 대중가사에도 있는, 저 푸른 초원 위에 그림 같은 집을 짓고 살고픈 바로 그런 알파인 초원 위에 아름답게 지어진 돌집들을 지나친다.

　알파인 목장 하나를 지나 토랑 고개에서 2시간 걸려 므와리 호수에 닿는다. 협곡을 가로막아 세운 거대한 댐 위에는 낚싯대를 드리운 강태공들이 무거운 배낭을 멘 우리에게 인사를 건넨다. 댐 옆 휴게소에서 오랜만에 현대식 화장실을 이용한 후, 다시 산길을 오른다. 소르브와 고개로 오르기 위해서다. 나무 하나 없는 풀밭 언덕이다. 옥빛 호수를 뒤로하고 쉬엄쉬엄 걸어 오르는데 산악자전거를 탄 50대의 중년이 내려왔으며 얼마 후 배낭에 피켈을 단 이가 내려간다.

　댐에서 한 시간 반 만에 소르브와 고개에 올라선다. 허기진 우리는 고개 너머 바람이 불지 않는 풀밭에서 라면을 끓여 먹고 40분 걸어내려 케이블카를 이용, 지날 마을에 닿는다. 산행 중 만난 가장 큰 마을이다. 이곳에는 슈퍼마켓도 제법 크다. 오늘은 포르크레타 고개 아래까지만 오르면 되겠기에 여유를 부려 슈퍼마켓에서 과일이며 시원한 맥주도 산다.

　여름시즌의 막바지라 한적한 산간마을 지날에서 한 시간 이상 쉰 후, 다시 오르막을 오른다. 마을 중심에 위치한 교회 좌측 옆으로 이어진 길을

토랑 고개에서 므와리 호수로 내려가기 전, 오탄 호수 옆에서. 저멀리 므와리 빙하가 보인다.

따라 전나무 숲길을 오른다. 한 시간 이상 올라 숲을 벗어나 2000m 고지에 이르는데, 빗방울이 떨어진다. 고개 아래에 위치한 나바 목장 위 풀밭에 닿기도 힘들겠다. 빗방울이 점점 굵어지는 상태에서 한 시간 이상 돌길을 걸어 오른 다음, 첫 돌집에 이른다. 문이 닫혀 있는 돌집 앞 풀밭이 평탄해 텐트를 친다. 오늘도 12시간 이상 걸었다.

다음날 새벽까지 비가 내렸지만 다행히 날이 밝아올 무렵에는 그쳤다. 간단히 아침을 먹고 텐트를 걷고 짐을 꾸린다. 30분 이상 잘 정비된 산길을 오르자 나바 알파인 목장이다. 여기서 나무 한 그루 없는 완만한 알파인 언덕을 두 시간 오르자 포르크레타 고개 정상이다. 하늘엔 구름이 짙지만 비는 내리지 않아 고갯마루에서 커피를 끓여 마시는 여유도 가진다. 하지만 얼마 걸어 내리지 않아 빗방울이 떨어진다. 30분 더 걸어 알파인 목장에 이르자 제법 빗방울이 굵어졌다. 그루번 마을까지 숲길을 한

아우그스트보드 고개 아래의 목장

융겐 마을로 내려가면서 본, 계곡 건너편에
위치한 돔 등 4000미터 봉우리들.

융겐 마을로 내려가면서 저 멀리 체르마트
계곡이 내려다보인다.

참 걸어내려 정오경에야 닿는다. 작은 산간마을이라 식료품점이라곤 없어 슈바르츠호른 호텔에서 맥주 한 잔에 비싼 비스킷 하나로 점심을 때우고 마지막 고개 아우그스트보드패스로 오른다. 이 고개만 넘으면 체르마트 계곡이기에 빗속이지만 힘이 난다.

도중에 목장 처마 아래서 커피 한 잔을 끓여 마신 후, 그루번에서 3시간 반 이상 걸려 고개에 올라선다. 찬바람에 맞서 반 시간쯤 내려와 물이 있는 적당한 풀밭에 텐트를 친다. 하루 내내 빗속에서 움직여 몸이며 침낭 또한 젖어 저녁 내내 버너에 말린 후에나 잠자리에 들 수 있었다. 계곡 옆 바위지대에서 밤새 돌 구르는 소리에 잠을 설쳤다.

새벽에 비가 눈으로 바뀌더니 바람이 제법 찼다. 추워 몇 번이나 일어나 밖을 살피니 갑자기 겨울이 온 듯 텐트 주변에 눈이 쌓여 있었다. 다행히 가스가 충분해 열심히 텐트를 데워 추위를 이겨내고 평소보다 한 시간 늦은 아침 8시에 길을 떠난다. 춥고 눈이 내리지만 체르마트 계곡으로 걸어 내리기만 하면 되기에 시간적인 여유는 있다. 돌밭을 돌아 융겐 마을로 이어진 산허리를 따라 돈다. 구름 사이로 햇살이 비쳐 체르마트 계곡의 풍경이 열리는가 싶더니 이내 닫힌다.

전형적인 알프스 산골의 정취가 물씬 풍기는 길을 따라 융겐에 도착한다. 잘 보존된 전통마을이 탁 트인 알파인 언덕에 자리하고 있었다. 잠시 마을을 둘러보고 체르마트 계곡을 향해 생 니클라우스로 하산한다. 4박5일간 강행군한 샤모니-체르마트 오트 루트는 트레킹에 관심이 없었던 나에게 몽블랑 일주와는 또 다른 트레킹의 묘미를 느끼게 해주었다.

유로파벡 루트의 출발점이기도 한 가즌리트를 배경으로

융겐 마을 위의 숲길

스위스 알프스의 산골 정취가 물씬 풍기는
융겐 마을에 들어서고 있다.

5-기타 정보

숙박

<마터호른 일주>

1구간
Zermatt 여러 호텔들
Ottovan Taschalp Europaweghutte tel:0279672301 ; fax:0279663965
www.europahuette.ch / willischthomas@yahoo.com
Europahutte tel:0279678278 ; fax:0279676074
fam.brantschen.europahuette@freesurf.ch
Grachen 여러 호텔들
St Niklaus 여러 호텔들

2구간
Jungu Pension Jagerstubli   tel:0279562101 / mobile:0786062528
Topalihutte tel:0279562172 / mobile:0792204006
www.topalihitta.ch / albrecht.reto@bluewin.ch
Gruben-Meiden Hotel Schwarzhorn tel:0279321414

3구간
Hotel Weisshorn tel:0274751106
Zinal Hotels, Auberge Alpina   tel:0274751224 / fax:0274755033

4구간
Moiry barrage tel:0274751548 / mobile:0794718051
clems@bluewin.ch
Cabane de Moiry tel:0274754534
Les Hauderes 여러 호텔들

5구간
Arolla 여러 호텔들
Rifugio Collon-Nacamuli tel:0165730047
Prarayer tel:0165730040/730922

6구간
Rifugio Perucca-Vuillermoz Flavio Bich, tel:3384264705
Breuil-Cervinia 여러 호텔들

7구간
Albergo Plan Maison
Testa Grigia - Rifugio Guide del Cervino Fam Antonio Carrel
tel:0166948369 fax:016693129
giorgiocarrel@galactica.it
Theodulhutte tel:0166949400 / mobile:3383267009
Gandegghutte tel:0279672112 / fax:0279672149 / mobile:0796078868
gandegghutte@holidaynet.ch

<몬테로자 일주>

1구간
Zermatt 여러 호텔들
Ottovan Taschalp Europaweghutte tel:0279672301 ; fax:0279663965
　　　　　　　www.europahuette.ch / Willischthomas@yahoo.com
Europahutte　　　　　　　tel:0279678278 ; fax:0279676074
　　　　　　　fam.brantschen.europahuette@freesurf.ch

2구간
Grachen 여러 호텔들

3구간
Saas Fee, Saastal 여러 호텔들
Rifugio Oberto Gaspare, aka Rifugio Citta di Malnate CAI,
　　　　　　　　　　　　　　　　　　　　tel:032465544

4구간
Macugnaga 여러 호텔들

5구간
Rifugio Citta di Mortara CAI,　　　　　　tel:0163 91104
Rifugio Otro　　　　　　　　　　　　　　tel:0163922952
Rifugio Crespi-Calderini　　　　　　　　　　전화없음
Rifugio Pastore　　　　　　　　　　　　　tel:0163 91220
Alagna 여러 호텔들

6구간
Rifugio Alpenzu tel:0125355835 ; www.alpenzu.it/info@alpenzu.it
Rifugio del Lys CAI, tel:0125366057
Albergo del Ponte　　tel:0125366180/0125806667
　　　　　　　info@albergodelponte.com
Rifugio Guglielmina　tel:016391444 ; fax:0125345107
　　　　　　　info@rifugioguglielmina.it
Rifugio Citta di Vigevano CAI, tel:016391105
Rifugio Gabiet tel:0125366258 / 0125806152 info@rifugiogabiet.it

7구간
Rifugio Casale CAI,　　　tel:0125307688
St Jacques 여러 호텔들
Rifugio G.B.Ferraro　　　tel:0125307612 / 3351345567
　　　www.rifugioferraro.com / fausta.stelio@virgilio.it
Rifugio Guide del Frachey tel:0125307468
Albergo Plan Maison
Breuil-Cervinia 여러 호텔들

8구간
Theodulhutte　　　　　　　tel:0166949400 / mobile:3383267009
Testa Grigia - Rifugio Guide del Cervino Fam Antonio Carrel
　　　tel:0166948369 fax:016693129 / giorgiocarrel@galactica.it
Gandegghutte tel:0279672112 / fax:0279672149 / mobile:0796078868
　　　　　gandegghutte@holidaynet.ch
Zermatt 여러 호텔들

〈샤모니-체르마트 오트 루트〉

Le Tour : Chalet Alpin du Tour(CAF gite) 04505416
Refuge col de Balme 0450540233
Le Peuty : Refuge du Peuty 027 722 0938
Trient : Relais du Mont Blanc 027 722 4623 http://montblanc.voila.net / gite la Gardienne 027 722 1240 www.lagardienne.ch
Col de la Forclaz : www.coldelaforclaz.ch
Relais d'Arpette : 027 783 1221 www.arpette.ch
Champex : Pension En Plein Air 027 783 2350 www.pensionen-pleinair.ch / Au Club Alpin 027 783 1161 www.auclubalpin.ch / Au Rendez-vous 027 783 1640
le Chable : www.verbier.ch / Hotel la Poste(027 776 1169), Max & Millie' B&B(027 776 4007 www.bedandbreakfastverbier.com), Hotel du Gietroz(027 776 1184), Hotel la Ruinette(027 776 1352)
Cabane du Mont Fort : 027 778 1384 www.cabanemontfort.ch
Cabane de Prafleuri : 027 281 1780
Refuge des Ecoulaies : 027 281 1409 www.lespyramides.ch
Refuge de La Barma : 027 281 2793
Cabane des Dix : 027 281 1523

각종 연락처

Tourist Offices

Tourist Offices Zermatt	tel:027 966 8100 ; fax:027 966 8101 www.zermatt.ch / zermatt@wallis.ch
Tourist Offices Tasch	tel:027 967 1689 ; fax:027 967 2118 www.taesch.ch / info@taesch.ch
Tourist Offices Randa	tel:027 967 1677 ; fax:027 967 1679 www.randa.ch / tourismus@randa.ch
Tourist Offices Grachen	tel:027 955 6060 ; fax:027 9556066 www.graechen.ch / info@graechen.ch
Tourist Offices St Niklaus	tel:027 956 3663 ; fax:027 956 2925 www.stniklaus.ch / info@st-niklaus.ch
Tourist Offices Turtmanntal	tel:027 932 1691 ; fax:027 932 3784 www.turtmanntal.ch / info@turtmann-turtmanntal.ch

Tourist Offices Zinal　　　　tel:027 475 1370 ; fax:027 475 2977
　　　　　　　　　　　　www.zinal.ch / zinal@sierre-anniviers.ch

Tourist Offices Les Hauderes tel:027 283 1015 ; fax:027 283 1053
　　　　www.evolene-region.ch / les hauderes@evolene-region.ch

Tourist Offices Arolla　　　tel:027 283 1083 ; fax:027 283 2270
　　　　　　　　　　　　www.arolla.ch / arolla@span.ch

Tourist Offices Breuil-Cervinia tel:0166 949136 ; fax:0166 949731
　　　　www.montecervino.it / breuil-cervinia@montecervino.net

Aosta region　www.regione.vda.it
Tourist Offices Chamonix　tel: 33 (0)4 50 53 00 24
　　　　　　　　　　　　　　www.chamonix.com
Tourist Offices Champex　tel: 41 (0)27 783 12 27
　　　　　　　　　　　　　　www.st-bernard.ch

Guides' Offices
Zermatt　　　　　　　tel:027 966 0101
Breuil-Cervinia　　　tel:0166 948169 ; fax:0166 949885
　　　　　　　　　　　www.guidedelcervino.com
Chamonix　　　　　　tel :33(0)45 053 0088
　　　　　　　　　　　www.chamonix-guides.com

교통
Bus : www.carpostal.ch/valais(스위스 발레주)
　　　www.chamonix-bus.com(샤모니)
Train : www.cff.ch(스위스)
　　　www.sncf.fr(프랑스)

비상전화(응급구조)
112 : 국제적인 비상연락 번호
144 : 스위스 발레(체르마트 지역)주 비상연락 번호
118 : 이태리
15 : 프랑스

샤모아

 샤모아는 야생염소인데 알프스 전역에 서식하고 있다. 이들은 국립공원이나 자연보호구역 외에서는 보호받지 못하는데, 사냥철이 되면 사냥꾼은 자신에게 할당된 숫자만큼 포획할 수 있다. 샤모아는 뿔뿐만 아니라 고기와 가죽까지 쓸모가 있다.
 암수 둘 다 상대적으로 작고 뒤로 굽은 뿔을 지니고 있다. 여름철에는 베이지 혹은 갈색이지만 겨울철에는 상당히 어두운 색을 띤다.
 암놈은 임신기간이 180일 정도인데, 6월에 2kg 정도 되는 한두 마리의 새끼를 낳는다. 태어나 4일 후면 새끼들은 무리에 섞일 정도로 빨리 달릴 수 있으며 새끼를 낳은 암컷은 일주일 후면 일상으로 돌아간다. 어린 새끼는 짝짓기 계절인 11월 중순까지 4개월간 젖을 먹는데, 18개월 정도부터 다 자랄 때까지 어린 샤모아 무리에 합류하게 된다.
 대개 첫 겨울을 무사히 넘기면 샤모아는 15~25년 간 생존할 가능성이 높으며 숫놈은 몸무게가 25kg까지 나간다. 녀석들은 추위를 좋아하는데, 여름철에는 눈이 있는 그늘진 사면에서 지내길 좋아한다. 이들은 연중 숲에서 많은 시간을 보내지만, 가파른 지형에 특히 익숙해 굴곡진 바위사면에서도 쉽게 뛰어다닌다.

샤모아는 산양인 아이벡스에 비해 아주 예민한 동물이라 좀체 다가가기 힘들다. 그렇지만 간혹 위협적인 언동만 삼가한다면 얼마든지 녀석의 우아한 모습을 지켜볼 수 있을 것이다.

아이벡스

염소와 사슴을 닮은, 프랑스어로 부크텡이라고도 하는 아주 멋있는 뿔을 지닌 아이벡스는 한때 알프스 전역에서 주요 사냥감이 되었다. 1820년대에 이르자 그 숫자가 100마리 내외로 줄어들었다. 뼈가 심장 모양이라 만병통치약으로 알려졌기 때문이다. 하지만 오늘날은 유럽 전역의 산악지대에 15000마리 이상 서식하고 있는데, 이것은 이태리 그랑 파라디소 지역의 왕이었던 빅토르 엠마누엘의 덕택이기도 하다. 사냥을 아주 좋아한 그는 아이벡스가 멸종되지 않게 조치를 취하지 않으면 자신이 좋아하는 스포츠도 없어질 거라 생각했다. 19세기 중반에 그는 자신의 영토 내에 사냥 금지구역을 지정해 멸종 위기의 종을 구했다. 이 지역은 1922년에 그랑 파라디소 국립공원이 되었으며 그후 아이벡스는 자연보호 동물이 되었다. 지금은 알프스 전역에서 서식하고 있다.

강인하고 독립심이 강한 아이벡스는 최악의 폭풍설에서도 생존할 수 있다. 바위에 익숙한 녀석들은 가파른 바위사면에서 뛰어 놀기도 좋아한다. 녀석들은 연중 내내 고지대에 머문다. 억센 뿔을 가지고 있는데, 다 자란 숫놈의 경우 그 뿔이 1m에 달하며 무게는 6kg에 이른다. 암놈은 상대적으로 작은 뿔을 지니고 있다. 털은 봄에 베이지색이다가 여름이 되면 갈색이 된다. 늙은 녀석은 아주 검은색이 되기도 한다. 녀석의 겨울털은 아주 두꺼워 더 강인해 보이기도 한다.

이들은 이른 아침과 황혼녘에 먹이를 먹고 한낮에는 쉰다. 새끼는 6월 중순에 태어난다. 어미는 출산 후 전년도에 낳은 새끼들과 함께 지낸다. 숫놈들은 무리에서 떨어져 사는데, 늙은 숫놈은 생의 마지막 몇 년 동안은 혼자 살아간다.

샤모아와는 달리 아이벡스는 숲을 좋아하지 않는다. 녀석은 천성적으로 앉아 있길 좋아하는데, 먹이를 얻기 위해서만 주변을 서성인다. 이른 가을이면 숫놈들이 뒷다리만으로 서서 서로 뿔을 부딪치며 싸우는 장면을 보게 된다. 아이벡스는 샤모아보다는 겁이 없어 인간들이 쉽게 접근할 수 있다. 그렇지만 너무 가까이 다가가다간 녀석의 뿔에 부딪칠 수 있으니 조심해야 한다.

마모트

 마모트는 전형적인 알파인 동물이라 할 수 있다. 트레킹을 하다보면 녀석이 내는 귀여운 휘파람 소리에 웃음이 나기도 한다. 녀석을 찾아 고개를 돌리면 금세 굴속으로 숨어버려 사진에 담기도 쉽지는 않다. 녀석의 덩치는 살찐 고양이 정도로 다리가 짧고 몸체가 크며 알파인 지대에서 만날 수 있는 가장 호감가는 동물이다. 녀석은 청각이나 시각은 나쁘지만 후각이 발달해 있다.

 마모트는 6~8개월이나 되는 겨울잠을 자기 위해 가능한한 많은 지방을 비축하려고 여름시즌 내내 많이 먹어둔다. 완전히 자란 녀석의 몸무게는 10월에는 5kg 정도 되다가 4월 말이나 5월이 되면 2kg 정도로 줄어든다. 이렇게 약해진 마모트는 조류나 여우의 손쉬운 먹잇감이 된다.

 마모트는 기온이나 자연환경에 관계없이 본능적으로 동면에서 깨어난다. 녀석들은 겨울을 나는 동굴을 떠나 보다 높은 곳에 위치한 여름동굴로 올라가 여름을 난다. 주로 5월에 짝짓기를 하는데, 35일 후 새끼가 태어난다.

 마모트의 털 색깔은 엷은 황갈색에서부터 갈색이나 검은색까지 다양하며 1300m~3000m 고지까지 이어진 알파인 풀밭과 돌밭 사면에서 서식한다. 여름철에 마모트는 매끼마다 400g의 풀을 소화해낸다. 또한 유충이나 메뚜기 같은 곤충들도 먹는다. 수명은 약 14~16년이다.